Friedrich Kaiser

Zwei Testamente - Charakterbild mit Gesang in drei Aufzügen

Friedrich Kaiser

Zwei Testamente - Charakterbild mit Gesang in drei Aufzügen

ISBN/EAN: 9783743415270

Hergestellt in Europa, USA, Kanada, Australien, Japan

Cover: Foto ©ninafisch / pixelio.de

Weitere Bücher finden Sie auf **www.hansebooks.com**

Wiener Theater-Repertoir.

77ᵗᵉ Lieferung.

Preis 60 Neukreuzer oder 12 Sgr.

Zwei Testamente.

Charakterbild mit Gesang in drei Aufzügen.

Von **Friedrich Kaiser**.

Musik vom Kapellmeister **Carl Binder**.

Den Bühnen gegenüber als Manuscript gedruckt.

Wien, 1862.

Verlag der Wallishausser'schen Buchhandlung (Josef Klemm).

Stadt, hoher Markt 541, gegenüber dem Salzgrießthor.

In der Wallishausser'schen Buchhandlung (Jos. Klemm) in Wien, hoher Markt Nr. 541, sind erschienen:

Wiener Couplets.

Sammlung von 90 der neuesten und besten Couplets und Theatergesänge,

die in Stücken von

Berg, Berla, Bittner, Blank, Böhm, Doppler, Elmar, Feldmann, Flamm, Hollsleben, Krois, Grün, Gründorf, Haffner, Juin, Kaiser, Langer, Megerle, Nestroy und Anderen

von den beliebtesten Komikern Wiens gesungen werden.

Drei Hefte. Gr. 8. geheftet Preis 1 fl. 50 kr. oder 1 Thlr.

Jedes einzelne Heft 50 kr. oder 10 Sgr.

Diese Sammlung, von sachkundiger Hand zusammengestellt, erfreut sich eines sehr guten Absatzes und wird den zahlreichen Freunden dieses Genres gewiß willkommen sein.

Wiener Theater-Repertoir

1. Lieferung: Rothe Haare. — Das Pamphlet. 2 Lustspiele von M. A. Grandjean. Zweite Auflage. 7½ Sgr. oder 35 Nkr.
2. — Heimlich. Lustspiel in 1 Akt, von Grandjean. 7½ Sgr. oder 35 Nkr.
3. Die geheime Mission. Lustsp. in 3 Akten von M. A. Grandjean. 7½ Sgr. oder 35 Nkr.
4. Eine arme Schneiderfamilie. Traumgemälde mit Gesang, Tanz und Tableaux in 3 Abtheilungen, von Jos. E. Böhm. 8 Sgr. oder 40 Nkr.
5. Doktor und Friseur, oder: Die Sucht nach Abenteuern. Posse mit Gesang in 2 Akt., von Friedr. Kaiser. Zweite Auflage. 7½ Sgr. oder 35 Nkr.
6. Der Pelzpalatin und der Kachelofen, oder: Der Jahrmarkt zu Rautenbrunn, Posse mit Gesang in 3 Akten. von Friedrich Hopp. 10 Sgr. oder 50 Nkr.
7. Der Mentor, Lustspiel in 1 Akt, nach dem Franz. frei bearbeitet von J. W. Lembert. Zweite Auflage. 7½ Sgr. oder 35 Nkr.
8. Der Freund und die Krone. Romantisches Schauspiel in 4 Akt. von J. W. Lembert. Neue Auflage 10 Sgr. oder 50 Nkr.
9. Lief. Zum ersten Male im Theater. Posse in 1 Akt, von Fried. Kaiser. 7½ Sgr. od. 35 Nkr.
10. Der Gang ins Irrenhaus. Lustspiel in 1 Akt, nach dem Französischen von Herzenstrou. Zweite Auflage. 7½ Sgr. oder 35 Nkr.
11. Donna Diana. Lustspiel in 3 Akten, nach dem Spanischen des Moreto, von C. A. West. Vierte Auflage. 12 Sgr. oder 60 Nkr.
12. Müller und Schiffmeister. Posse mit Gesang in 2 Akten, von Friedr. Kaiser. 10 Sgr. oder 50 Nkr.
13. Die Tochter des Kapitains. Schauspiel in 3 Akten, nach dem Französischen von Col. Gartner. 7½ Sgr. oder 35 Nkr.
14. König und Aebtissin. Trauerspiel in 3 Akten nebst einem Vorspiele, von Alexander Patuzzi. 8 Sgr. oder 40 Nkr.
15. Alle Mittel gelten. Lustspiel in 1 Akt, nach Scribe, v L. Julius. 7½ Sgr. od. 35 Nkr.
16. Eine Jugendsünde. Lustspiel in 1 Akt frei nach dem Französischen, von L. Julius Georgi Posse in 1 Akt, von L. Julius 7½ Sgr. oder 35 Nkr.

(Den Bühnen gegenüber als Manuscript gedruckt.)

Zwei Testamente.

Charakterbild mit Gesang in drei Aufzügen
von
Friedrich Kaiser.

Musik vom Kapellmeister Karl Binder.

Personen:

Emilie von Wallhaus, Witwe.
Victor von Wallhaus, ihr Sohn.
Ammer \
Schwirr } dessen Freunde.
Reckenberg /
Dr. Falter.
Max Aumann, Revierjäger.
Caroline, dessen zweite Frau.
Tinchen, seine Tochter erster Ehe.

Gerichtsrath Landeck.
Jacob Hartinger, Huf- und Kurschmied.
Berthold sein Vetter \
Martin } seine Gesellen.
Caspar /
Balzer \
Kurt } Jägerburschen.
Jean /
Jaques } Diener auf dem Schlosse.

Gäste. Masken. Jäger. Dienerschaft. Gesellen u. s. w.

Erster Act.

(Platz vor Hartinger's Hause. Seitwärts im Vordergrunde das ebenerdige Gebäude mit weit vorspringendem, vorne auf Pfeilern ruhendem Dache. Durch die offene Thür sieht man in die Werkstätte, und darin die glühende Esse. Vor dem Hause steht ein, an einem Baumstamm befestigter Amboß. Auf der andern Seite, dem Hause gegenüber, unter einem hohen Baume eine Bank. Im Hintergrunde ein bergansteigender Wald.)

Erste Scene.

Berthold, Martin, Caspar (stehen an dem Amboße und hämmern. — Mehrere andere Gesellen sind theils in, theils außerhalb der Werkstätte mit Feilen und anderen Schmiedarbeiten beschäftigt).

Chor der Gesellen.

(Mit Begleitung der Hammerschläge.)

Schwingt nur den Hammer
Mit kräftigem Arm,
Schmiedet das Eisen,
So lange es warm —
Eisen und Mädchen
Sie sind sich so gleich:
Bringt sie zum Glühen,
Dann werden sie weich.

Casp. (zu Berthold). Hörst, Berthl! Mit Dir ist schwer arbeiten, Du schlagst ja so b'rauf los, daß man ganz aus'm Tact kommt.

Mart. Das kommt daher, weil er nicht mit uns singt.

Casp. Und weil er nicht mehr mit uns trinkt.

Mart. Ja, 's ist ein g'spaßiger Kerl, — er arbeitet für zwei Gesellen, und ißt und trinkt kaum für einen halben Lehrjungen.

Casp. Und extra seufzt er noch so viel, daß wir den Blasbalg ersparen könnten. — (Zu Berthold.) Sag' mir nur, sind bei euch in Sachsen die Gesellen alle so?

Berth. (traurig). Ich bitte euch, treibt keine Scherze mit mir — nur heute nicht — wißt Ihr denn nicht, daß ich heute zum letzten Male unter Euch bin? Morgen soll ich ja schon fort auf die Wanderschaft.

Casp. Na, und was gibt's denn da zum Seufzen? Wanderschaft! — Das ist das Lustigste, was es geben kann — heute da — morgen dort — alle Augenblick ein and'res Städtchen, und überall ein and'res Mädchen!

Berth. Ja, wenn ich mir's auch so einrichten könnte, — aber es geht nicht. (Sich die Augen trocknend.) O mein Gott!

Mart. Geh, geh, weine nicht wie ein altes Weib! Verjag' deine Grillen! — S' ist bereits Feierabend, komm' mit uns in's Wirthshaus.

Die Gesellen (die Hämmer wegwerfend). Ja, ja, Feierabend! In's Wirthshaus! — komm' mit!

Berth. Nein — nein — ich kann jetzt noch nicht mit Euch — hab' noch etwas zu besorgen — geht nur voraus — ich komme nach — später.

Mart. Aber gewiß — und nicht zu spät, denn morgen heißt's zeitlich auf; wir Alle geben Dir 's Geleit und tragen Dir 's Gepäck bis zur ersten Station. (Zu den Uebrigen.) Kommt, Cameraden! (Alle ab, außer)

Berth. (ihnen nachsehend). Sie wollen mir das Gepäck tragen! — Das mögen sie sein lassen, — denn wer wie ich ein zentnerschweres Herz selbst tragen muß, dem kommt es wahrhaft auf den kleinen Ranzel mit Wäsche und Kleidern auch nicht mehr an. (Geht traurig in die Werkstätte ab.)

Zweite Scene.

Jacob Hartinger (in einer mit Leder besetzten Reithose, das Schurzfell vorgebunden, eine alte Militärmütze auf dem Kopfe, kommt von seitwärts).

Lied.

1.

Ein Hufschmied auf'm Land — ja das ist schon was Groß's,
Fast so viel als ein Doctor, und nicht bloß für die Roß',
Er macht auch bei Zweifüßig'n oft seine Kur'n,
Denn d'Bauern da hier hab'n ja auch Roß-Naturn;
Wenn auch auf den Füßen nicht leicht steif Einer wird,
So sind's dafür öfters im Hirn ganz struppirt.
Wie oft tritt nicht ferner der Fall ba hier ein,
Daß der Bauer und sein Schimmel zugleich vernagelt sein.

2.

Ich seh' überhaupt da den Unterschied nicht —
Gibt's nicht auch oft Menschen, die der Haber z'stark sticht?
Die so follerisch werd'n, daß man zu ihr'm Verdruß
Ihnen 's Futter ein bischen in b' Höh' hängen muß. —
Wenn's auch, so lang's leb'n, sich dadurch unterscheid'n,
Daß b'Kost 'ne ganz andere ist von den Beiden,

Im Tod dageg'n wieder sich b'Gleichheit beweist,
Weil der Mensch, wie das Pferd doch in's Gras zuletzt beißt.

Ja, wenn man so, wie ich, durch dreißig Jahr nicht bloß Hufschmied, sondern zugleich viehischer Doctor ist, da sieht man erst ein, daß der Mensch nicht Ursache hat, sich auf das bißchen Menschsein gar so viel einzubilden, denn das Pferd hat nicht nur in seinen Lebensverhältnissen auffallende Aehnlichkeiten mit dem Menschen, sondern es hat auch sogar manche Vorzüge vor ihm. Was einmal die Aehnlichkeit betrifft, so frag' ich: Was ist die glückliche Kindheit des Menschen anders, als die Pußta, wo die jungen Füllen sich noch in seliger Wildheit mit einander herumtummeln, weil sie, wie die Kinder, noch keine Ahnung davon haben, was für ein Kappzaum ihnen angelegt wird, wenn sie einmal in die Welt eingeführt werden! — Auf der Pußta und in der Kindheit behandeln sich die Pferd- und Menschenkinder noch alle als ihres Gleichen und spielen mit einander — erst ihre spätere Stellung in der Welt macht einen Unterschied zwischen ihnen: das Eine wird an einen Herrschaftswagen gespannt, stolzirt mit hochgetragenem Kopf, mit Flosen und vergoldetem Geschirr daher, hat wenig zu thun und kriegt viel zu fressen — das Andere kriegt ein Kummet um den Hals, muß einen Lastwagen oder einen Pflug ziehen, und wird oft um so schlechter gefüttert, je nützlicher es ist, — und ein Drittes bringt oft gar sein ganzes Leben damit zu, daß es Andere auf sich reiten läßt! — Zeigt sich nicht oft etwas Aehnliches in den menschlichen Schicksalen? Ein Pferd, bei dem man's einmal der Müh' werth findet, den Namen des Vaters und der Mutter besonders zu protokolliren, das wird schon zu keinem ordinären Dienst mehr verwendet, sondern nur die, von namenloser Abkunft, die sogenannten Bauernpferde — und so entscheidet oft bei Pferden und bei Menschen die Herkunft über die Zukunft. — Es gibt ferner unter den Pferden auch Mesalliancen; denn wie bekannt, verirrt sich manches von diesen edlen Geschöpfen, wenn es weiblichen Geschlechtes ist, so weit, daß es einen Esel zum Mann nimmt — das ist doch ein merkwürdiges Nachahmen unserer menschlichen socialen Verhältnisse! — Wenn ein Pferd über etwas wild wird und durchgehen will, braucht man's nur bei der Nase zu fassen, und es bleibt still stehen, — und wenn der Mensch öfters über die Fehler seines Nebenmenschen ganz toll wird und wild ausschlagt, so braucht er nur sich selber bei der Nase zu nehmen, und er wird's ruhig ertragen. Man zwingt aber auch oft die Pferde, menschliche Dummheiten nachzumachen. Wir haben nicht genug, daß die jungen Stutzer, in Haltung und Kleidung auf lächerliche Weise die Engländer kopiren — nein, wir nehmen noch eigens grausame Operationen vor, um aus manchen von unsern gut deutschen Pferden falsche Engländer zu machen! — Ein Pferd von wahrhaft edler Race steht aber auch in moralischer Beziehung höher als manche gemeine Menschenrace. Ein Araber-Pferd, das sich schon wild empört, wenn es nur den Schatten von einer Peitsche sieht, beschämt das nicht so manchen Insel-Kosacken, der die Schläge schon so gewohnt ist, daß er, während er geknutet wird, beinahe gleichzeitig darüber einschläft? — Deßwegen haben aber auch die Araber einen solchen Respect vor ihren Pferden, und betrachten sie als das Wichtigste, denn bei ihnen gilt der Satz: „Such' Dir zuerst ein Pferd, die Braut findest Du dann von selbst." Bei uns hat aber Mancher viel früher eine Braut, und lernt erst was Aufsitzen heißt, wenn er sie geheiratet hat. — Solche Gleichnisse ließen sich unsinnig weit ausspinnen und am Ende profitirten noch allweil die Vierfüßler dabei; aber da ich als Hufschmied die einzige medicinische Autorität in der Ortschaft bin und auch menschliche Krankheiten zu behandeln hab', so darf ich da keine Parteilichkeit aufkommen lassen, mir muß Ein's wie's Andere gleich am Herzen liegen, ich darf nicht bloß meine kranken Rösser (Pferde) besorgen, sondern darf dabei nie vergessen, daß der Bauer auch — ein Mensch ist.

Dritte Scene.

Berthold. Jacob.

Berth. (bereits zum Ausgehen angezogen, kommt aus der Werkstätte). Ah, Meister! Seid Ihr schon wieder zu Hause?

Jac. Ja, ich hab' meine ärztlichen Visiten bei meinen Patienten in sämmtlichen Dorf-Stallungen bereits abgestattet. — Na, ich bin zufrieden, — dem Schulmeister seine schwarze Kuh darf morgen schon mit ihrem neugebor'nen Kind eine kleine Promenade auf die Hutweide machen — Mutter und Kind sind wohl. — Des Milchweib's Braun kann sich bald wieder seinen Berufsgeschäften unterziehen — —

Berth. Das wußt' ich ohnehin! Euch schlägt selten eine Kur fehl.

Jac. Hm! Mitunter will's doch nicht recht gehen. Da hab' ich Einen, der schwerlich zu curiren sein wird — und ich möchte ihm doch so gern helfen.

Berth. Was fehlt ihm denn?

Jac. Das ist's eben, — er tragt alle Lasten, die ihm aufgeladen werden, thut seine Schuldigkeit wie sonst — kurz, man merkt ihm gar nichts an, als daß er die Ohren hängen läßt und 's Futter nicht anrührt — aber er sagt halt nicht, wo's ihm weh thut. — Wer glaubst Du wohl, daß der Patient sein kann?

Berth. Hm! vermuthlich ein Esel.

Jac. Hast's errathen — des Rohrmüllers seiner.

Berth. Nun, der kann's freilich nicht sagen, wo's ihm fehlt, — dafür ist er eben ein Esel!

Jac. Aber denk' Dir jetzt so ein Geschöpf, was in derselben Lage wäre — (legt seine Hand auf Berthold's Schulter) das man gern

von seinen Leiden befreien möchte, und das reden könnte, und das doch das Maul nicht aufmachte —

Berth. Ein krankes Geschöpf, welches reden könnte, und es doch nicht thut, — das wäre ja zu dumm!

Jac. Gelt, das wär' noch ärger als ein Esel — und wenn ich ein solches in meinem Haus hätt', so duldet ich's nicht länger — ich jagt' es fort!

Berth. Aber ich weiß nicht, wie Ihr auf solche Reden kommt.

Jac. Na, weil wir heute zum letzten Mal beisammen sind, und weil Du mich gefragt hast, warum ich darauf bestehe, daß Du morgen auf die Wanderschaft gehen sollst.

Berth. Aber wie hängt denn das zusammen?

Jac. (in gutmüthiger Heftigkeit). Weil Du — Du das Geschöpf bist, das krank ist, das bei seinem Arzt im Haus ist, das reden könnt', und doch nicht redet! Du bist ja — aber Du hast ja selber erst gesagt, was so ein Geschöpf ist. —

Berth. Ich — ich wäre krank? Meister! Meister! Wer hat Euch denn das gesagt?

Jac. Das braucht mir Niemand zu sagen — das seh' ich bei der Fütterung will ich sagen, beim Essen; wenn da Einer von meinen Gesellen, der, so wie Du, sich doch den ganzen Tag rechtschaffen plagt, sich nicht ordentlich in die Schüssel hineinlegt, alleweil einen Nipf macht, — nichts redet und nichts deutet — da hab' ich's gleich weg, daß es da am Hus fehlt — will ich sagen, daß ihm der Schuh drückt.

Berth. (wendet sich seufzend ab).

Jac. Aha! läßt schon wieder einen Seufzer los! — Laß Dir Zeit — morgen auf der Straße kannst Du seufzen, wie Du willst — in meinem Haus kann ich so einen verstockten Schmachtlappen nicht brauchen.

Berth. Na, so gehe ich in Gottes Namen, wenn Ihr mich schon gar nicht brauchen könnt.

Jac. Nicht brauchen — nicht brauchen! — Du bist der beste von meinen Gesellen, — ich hab' Dich lieb, als wärest Du mein Sohn, obschon Du nur ein weitschichtiger, aus Sachsen zugereister Vetter bist; aber (wieder heftig) eben deswegen ist's niederträchtig von Dir, daß Du kein Vertrauen zu mir hast! — Meiner Seel'! Wenn ich Dich so oft angeschaut hab', wie Dir's helle Wasser in den Augen gestanden ist — ich hätt' Dich prügeln können, nur damit Du das Maul aufmachst.

Berth. (gerührt). Meister! Ja, ich weiß es, Ihr wollt mir gut, und ich hätt' Euch schon gewiß Alles gesagt, aber — ich kann nicht — ich darf nicht!

Jac. So soll der ——! Pack deine Sachen zusammen — und morgen fort! — Ich bin Arzt und darf also nicht in meinem eigenen Hause einen Kranken haben, den ich nicht curiren kann. Das schadet meinem Credit! — Also adieu! adieu! Wir haben ausgeredet! (Wendet sich erzürnt ab.)

Berth. Meister! Gebt mich nicht auf — ich habe zwar geschworen, daß ich's geheim halte, aber Euch — Euch — will ich's doch — —

(Man hört plötzlich vom Walde her Jagdhörner.)

Berth. (erschrickt). Das ist der Jäger!

Jac. Na, was erschrickst Du denn so, — als wenn Du ein Has wärst? — Rede!

Berth. Nein — jetzt kann ich nicht, — morgen — morgen! (Eilt fort.)

Jac. (sieht ihm lachend nach). Aha! Er wird halt doch beichten. — Ich hab's ja gewußt, wenn ich ihn fortzuschicken drohe, das löst ihm die Zunge; d'rum hab' ich vehemente Mittel angewendet.

Vierte Scene.

Jacob. Max Aumann.

(Max im schlichten Gewande eines Gebirgsjägers, die Büchse über den Rücken gehängt, kommt rasch vom Hintergrunde her. Während dieser Scene fängt es nach und nach zu dämmern an.)

Max. Grüß' Dich Gott, Gevatter!

Jac. Aha! Hab mir's gedacht, daß Du bald da vorüberkommen wirst, wie ich das Blasen gehört habe! — Sonderbar! So ein glücklicher Ehemann, und kommt doch immer mit Hörnern heim.

Max. Ha, ha, ha! Wie ich seh', bist Du heute gut aufgelegt. Grad so kann ich Dich brauchen.

Jac. Du brauchst mich gut aufgelegt, jetzt, wo ich mich bald niedergelegt haben werde?

Max. Hoho! Niederlegen — das gibt's nicht! Heute mußt Du mir schon eine halbe Nacht opfern.

Jac. Eine Nacht opf're ich nur, wenn's mein Beruf als Thierarzt fordert. (Besorgt.) Ist vielleicht Jemand von den Deinigen krank?

Max. Könnt' uns einfallen! — Nein, heute haben wir keine Zeit dazu — weißt Du denn nicht, was heute für ein Freudentag für mich ist?

Jac. Heute? (Sich besinnend). Alle Wetter! Richtig, heut ist ja der Tag, an dem Du vor fünf Jahren zum zweiten Mal geheiratet hast.

Max. (mit freudiger Rührung). Ja — mein liebes, gutes Linchen! — Du — Du hast mir dazu gerathen, alle andern Bekannten haben mir abgerathen.

Jac. Mein Gott! Was verstehen denn die anderen Leute vom Heiratschließen! — Um in einer solchen Angelegenheit einen Rath geben zu können, muß man ein Kurschmied sein.

Max. Was? — Just ein Kurschmied? Ha, ha, ha!

Jac. Ja, ja, da gibt's gar nichts zu lachen. Denn wenn zwei Leute sich heiraten wollen, ist's grad so, als wenn man zwei Pferde zu einem Gespann machen will. Da muß ein Sachverständiger genau prüfen, ob sie gleichen Schritt mit einander halten können, — ob sie gleiche Zugkraft, gleiche Temperamente u. s. w. haben, sonst geht hernach Eins tschihi (rechts), und das Andere dahot (links), und der Wagen des ehelichen Glück's bricht beim ersten Stein des Anstoßes die Achse.

Max. Na, so gar gleich waren ich und mein Weib nicht; sie war erst zwanzig Jahre alt, und ich schon stark in den Vierzigern.

Jac. Ah was — die Jahre machen's nicht aus. Du warst mit vierzig Jahren noch frischer als mancher Bursch, und dein Weibchen war mit zwölf Jahren schon gescheidter als manches Frauenzimmer, das schon zweimal majorenn ist.

Max. Und dann haben die Leute bald auch das dagegen einzuwenden gehabt, daß man von ihr gar nicht gewußt hat, wer sie eigentlich ist, — wer ihre Eltern waren — na, Du weißt ja, wie sie als kleines Kind in unser Dorf gekommen ist.

Jac. Na, ja — ein armes, krankes Weib ist vor ungefähr fünfundzwanzig Jahren mit dem kleinen Kind am Arm zu Fuß über's Gebirg hergekommen, grad vor der Sternwirthin ihrem Haus ist sie vor Mattigkeit zusammengestürzt und noch am nämlichen Tag gestorben. Niemand hat gewußt, wer sie war.

Max. Und gefunden hat man bei ihr auch nichts, als einen Taufschein, aus dem man gesehen hat, daß ihr Kind Caroline Wellrich heißt.

Jac. Der Richter hat den Vorfall in die Zeitung setzen lassen, aber es hat sich Niemand gemeldet.

Max. Und so ist das kleine Mädel der Gemeinde zur Last gefallen. Wie sie größer geworden ist, hat sie sich ihr Stück Brot damit verdient, daß sie auf kleinere Kinder Acht gegeben hat, wenn die Eltern auf den Feldern waren — und so ist sie auch in mein Haus gekommen.

Jac. Ja, Du warst bereits ein in Ruhe versetzter Ehemann, d. h. Witwer, und hast ein kleines Töchterlein gehabt —

Max. Auf das ich bei meinem Berufe nicht viel hätte sehen können; darum hab' ich das Waisenmädel in den Dienst genommen.

Jac. Ja, ja, deinem Kind zu Liebe hast Du sie aufgenommen, und Dir zu Liebe hast Du sie noch behalten, wie dein Kind schon selber so viel Mädel war, daß es eigentlich kein Kindsmädel mehr gebraucht hätte!

Max. Ja, ich kann's nicht läugnen, mein übertragenes Herz ist wieder rebellisch geworden — die Lina war zu einer stattlichen Jungfrau herangewachsen — da hätt' sich's nicht mehr geschickt, daß sie so bei mir, bei einem Witwer im Haus geblieben wär' — da hab' ich mir einmal die Courage genommen, und hab' sie gefragt, ob sie nicht mein Weib werden wollte? — und sie — ich seh' sie noch alleweil vor mir — feuerroth ist sie geworden, und ohne ein Wort zu reden, ist sie mir um den Hals gefallen und hat nur weinen können.

Jac. Weinende Braut – lachende Frau — ein altes Sprichwort.

Max. Und ein Wahrwort! Denn seitdem sie meine Frau ist, kannst Du keine traurige Miene an ihr sehen. Du weißt, der Posten, den ich da als Revierjäger habe, tragt nicht viel ein — es geht uns oft verdammt knapp zusammen — und manchmal (lachend) ist's uns schon wirklich geschehen, daß wir keinen kupfernen Groschen im Haus gehabt haben — aber sie macht sich aus Allem nichts daraus, schafft lustig im Haus herum, und vertreibt die Sorgen mit ihrem heitern Gesang.

Jac. Ja, die Vögel singen ja auch am besten, wenn sie nicht zu viel Futter haben.

Max. Und was die Hauptsache ist: sie behandelt meine Tochter nicht wie eine Stiefmutter, sondern wie ihre liebste Freundin — mit einem Wort: sie ist mein Stolz, meine Freude, mein Glück — und deswegen muß auch der heutige Tag ein Freudentag sein, und dabei darfst Du, mein ältester Freund und Gevatter, nicht fehlen! — Mußt halt verlieb nehmen mit dem, was mein Linchen gerichtet haben wird.

Jac. Na, weißt, mit dem Essen nehm' ich's nicht so genau — aber so am Abend, da halt ich auf einen guten Trunk etwas —

und Ihr — Ihr trinkt gewöhnlich kaltes Brunnenwasser — das paßt zu so einem Fest nicht — denn das Wasser ist zwar sehr gesund zum Trinken, aber zum Gesundheittrinken geht's nicht — also heut werb' ich die Weinlieferung übernehmen.

Max. Nein, nein! Setz' Dich nicht in die Unkosten —

Jac. Bah! Kostet mich ja nichts! — Die Gemeindewirthin hat mir erst letzthin, wie ich ihr den Zahn gerissen hab', als Honorar eine Bouteille alten Wein gegeben — die muß mir heut wieder ein paar Flaschen geben; ich versprech' ihr dafür, daß ich ihr morgen ein paar Stockzähne reiße — so gleicht's sich wieder aus. Unter guten Nachbarn muß Ein's dem Andern zum Vergnügen behiflich sein. Komm nur! (Hängt sich in Marens Arm und geht mit ihm ab.)

Verwandlung.

(Stube im Jägerhause, mit beinahe bäuerischer Einfachheit möblirt. Eine Mittel- und eine Seitenthür.)

Fünfte Scene.

(Einige Jägerbursche tragen aus der Seitenthür einen großen eichenen Tisch heraus.) (Eine Magd folgt ihnen mit einem Korbe voll Weißzeug, Tellern, Eßbestecken, und deckt während der folgenden Scene den Tisch.)

Kurt, Balzer und andere Jägerbursche (kommen durch die Mitte. Sie tragen Wandleuchter aus Baumästen gemacht und mit Kerzen besteckt, ferner grüne Tannenreiser, welche sie zur Zierde an den Wänden befestigen, die Lichter anzünden u. s. w.)

Balz. (die Hände über die Brust gekreuzt, geht schwermüthig zu einem Stuhl im Vordergrunde und setzt sich auf denselben).

Kurt (zu den übrigen Jägerburschen) So! Macht das Zeugs nur da auf den Wänden auf, wie's die Frau Revierjägerin befohlen hat. (Tritt zu Balzer vor.) Na, Balzer! Was ist's denn? Rührst Du Dich wieder gar nicht?

Balz. Ich danke — ich bin ohnehin schon gerührt.

Kurt. Geh', nimm da eines von den grünen Tannenreisern.

Balz. (traurig). Nein! Ich komme auf keinen grünen Zweig mehr.

Kurt. Mir scheint, Du bist heute wieder verrückt?

Balz. Verrückt? Nein! Aber entrückt! — Ich bin der Gegenwart entrückt und wühle in der Vergangenheit.

Kurt. Du plauschest wieder so dummes Zeug zusammen, was man gar nicht versteht.

Balz. Nein — Ihr könnt' mich nicht verstehen, denn Ihr habt keine Vergangenheit; aber ich — ich habe eine — und noch dazu eine große Vergangenheit.

Kurt. Ha, ha, ha! Du thust grad so, als wenn Du einmal Gott weiß was für eine hohe Stellung gehabt hättest.

Balz. Hab' ich die nicht gehabt? Bin ich nicht einst mit vier Pferden gefahren?

Kurt. Ja, aber hinten bist Du aufgestanden!

Balz. (stolz). Das war's eben! — Als herrschaftlicher Büchsenspanner — mit goldgesticktem Jagdkleid — den Hirschfänger am goldenen Bandelier — so bin ich auf dem Brett gestanden — oh! es war eine glänzende Stellung!

Kurt. Wie man auf so etwas stolz sein kann, begreif' ich nicht.

Balz. Ja, Ihr — Ihr seid dahier im Gebirg geboren — seid nie aus den Bergen herausgekommen, und seid noch immer die, die am Berg stehen. Aber ich — ich war auf einer höheren Höhe, — ich war früher in der Residenz — ich hätt's weit bringen können, — ich wäre vielleicht jetzt schon Lakei, Kammerdiener, — Hausshofmeister sogar.

Kurt. Warum bist Du denn nachher nicht in dem Herrschaftshaus geblieben?

Balz. Ich wär' ja geblieben — aber sie ließen es nicht zu.

Kurt. Aha! Wirst halt deine Pflicht nicht erfüllt haben?

Balz. Im Gegentheil! Ich hab' noch mehr gethan, als meine Pflicht. Meine Pflicht war's, nur Augen für den gnädigen

8

Herrn zu haben; aber der gnädige Herr hat auch eine Nichte gehabt, und für die hab' ich halt auch Augen gehabt, und das war mein Unglück!

Kurt. Was? Du hättest ein Verhältniß mit einer Verwandten von der Herrschaft gehabt? Geh, laß Dich nicht auslachen!

Balz. Na — weißt — so eigentlich Verhältniß war es noch nicht, — aber sie war jung, — ich auch noch um dreißig Jahre jünger — sie war schön — und ich (cokett) nun — man sieht noch die beaux restes! — Sie hat immer gelacht, so oft sie mich gesehen hat — das hat mich kühn gemacht. Einmal geht sie allein im Garten — ich — stürze ihr zu Füßen —

Kurt. Hörst, wenn das wahr ist, so bist Du ja ein verfluchter Kerl.

Balz. (traurig). Das hat mein gnädiger Herr, der g'rad dazugekommen ist, auch gesagt, aber die Reitpeitsche hat er dazu genommen, (sich den Rücken reibend) der gnädige Herr!

Kurt. Na, und wie ist denn die Geschichte ausgegangen?

Balz. Das ist eben das Dumme bei der Geschichte, daß sie gar nicht ausgegangen ist. Der gnädige Herr ist ja g'rad so dazwischengekommen, daß das Fräulein mir nicht einmal ihre Gegenliebe hat bekennen können.

Kurt. Na, hast Du nicht einen andern Augenblick abgewartet?

Balz. War nicht möglich; sie haben mich ja gleich darauf beim Haus hinausgeworfen. — Ich bin fort ohne ein anderes empfehlendes Zeugniß außer meinem blauen Buckel, und hab' noch zufrieden sein müssen, daß ich dahier als Erzieher von den gnädigen Windhunden angestellt worden bin.

Kurt. Und in der Stelle bist Du fortwährend geblieben?

Balz. Ja — diese Stellung hat zwar auch ihr Gutes — denn ich bin jetzt schon nahe an die Sechzig, und bin noch immer Hundsjung, — aber meine Vergangenheit, wer gibt mir meine Vergangenheit wieder!?

Kurt. Na, heule jetzt nicht! Es ist heut ein Freudenfest im Haus, und die Frau hat gesagt, wir sollen heut Alle lustig sein.

Balz. Ja, die hat gut reden, sie feiert ihren Hochzeitstag, und nur der Gedanke an eine Hochzeit reißt bei mir die alten Wunden wieder auf! Camerad! (faßt Kurt heftig bei der Hand.) Du allein kannst mir helfen.

Kurt. Ich, wie denn?

Balz. Leih' mir dreißig Kreuzer, damit ich in's Gemeindewirthshaus gehen kann — eine Maß von unserm Gebirgswein ist allein im Stand, die aufgebrochenen Wunden wieder zusammenzuziehen.

Kurt. Na, wenn der Herr nach Hause gekommen ist, dann kannst Du mit uns gehen, ich halte Dich frei. — Aber Du mußt mir noch erzählen, was aus der Nichte geworden ist?

Balz. Wie ich gehört habe, hat sie später geheirathet — das hat sie offenbar nur aus Verzweiflung gethan.

Kurt. Und wo ist sie denn jetzt?

Balz. Weiß ich's? Sie ist wahrscheinlich gar nicht mehr — gibt es denn noch ein Leben ohne mich, wenn man einmal von mir geliebt worden ist? — Und wenn sie noch lebt, so wird sie langsam hingewelkt sein — sie wird nur mehr ein wandelnder Schatten sein. Ich weiß ja (auf seine Corpulenz weisend) wie es mir gegangen ist. (Drückt die Hand vor die Augen und stürzt ab.)

(Kurt und die übrigen Jäger, welche indeß mit der Ausschmückung des Zimmers fertig geworden sind, folgen ihm.)

Sechste Scene.

Caroline (in einem ländlichen Sonntags-Anzuge, einen Blumenstrauß in der Hand tragend, kommt aus der Seitenthür).

Lied.

1.

Thut d'Sonn über d'Berg heraufsteig'n,
Will Alles seine Freud b'über zeig'n,

Die Lerche hoch ob'n in der Luft
Einen trillernden Morgengruß ruft,
Die Amseln und Finken im Wald,
Die singen, daß's um und um schallt,
Der Hausbahn gern auch singen thät,
Aber 'sgeht nicht — was thut er? Er kräht,
Und b'Sonn' hört ihn doch freundlich an —
Denn er thut halt so viel als er kann.

2.

Die Blümerln, wenn b'Sonn' steigt herauf,
Die putzen sich auch alle auf.
Der Rosenstock zeigt seine Pracht,
Hat hundert von Knospen aufg'macht,
Die Tulpe im prächtigsten G'wand
Macht fast alle andern zu Schand,
Nur 's Veilchen, so einfach und blau,
Hat kein'n Schmuck als ein klein's Tröpf-
chen Thau —
Und doch schaut's die Sonn' freundlich an,
Denn 's thut halt so viel als es kann.

(Sie stellt den Blumenstrauß in ein in der
Mitte des Tisches stehendes Gefäß.)

Ja, man thut halt was man kann!
O Gott, wenn ich nur heute thun könnte,
was ich möchte, da müßt's bei uns noch
ein bischen anders ausschauen; (betrübt)
aber so — (Sieht sich in der Stube um, dann
wieder heiter.) Aber es schaut ja erst nicht
so schlecht aus — die Lichter zwischen den
grünen Tannenreis machen sich recht freundlich und die Lieb' macht's ja wie unser
Herrgott, sie schaut nicht auf das, was
man gibt, sondern auf den Willen, mit dem
man's gibt.

Siebente Scene.

Caroline. Tinchen.

Tinch. (ebenfalls im ländlichen Fest-Anzuge.)
Guten Abend, Mutter.
Carol. Ah, bist Du schon fertig?
(Betrachtet sie.) Laß Dich einmal anschauen!
— Schön schaust Du aus, recht schön —
aber Eins fehlt halt doch!
Tinch. (sich selbst besehend.) Was denn?

Carol. Ein recht heiteres, fröhliches
Gesicht.
Tinch. (traurig). Ich bin ja lustig.
Carol. Lustig? — Und dabei stehen
Dir die Augen wieder voll Wasser. (Ernst.)
Tinchen, soll das deinen Vater freuen?
— Ich bemerke das schon öfter an Dir —
Du bist so ganz verändert — so ernsthaft
und still — das macht mir Sorge. Sag'
mir, thut Dir denn Jemand was zu Leid?
Tinch. (rasch). Nein, nein, gewiß nicht!
Carol. Schau, ich hab' mir schon so
eigene Gedanken gemacht — ich hab' schon
geglaubt, Du bist am End' traurig darüber,
weil Du siehst, daß dein Vater mich,
deine Stiefmutter so lieb hat, und weil
Du vielleicht fürchtest, er hätte Dich weniger lieb.
Tinch. Was fällt Dir ein. Ich sollte
Dir die Liebe meines Vaters nicht vergön-
nen, und ich — ich hab' Dich ja selber so
lieb — so lieb! (Sinkt Carolinen an die Brust.)
Carol. Na also, so hab' auch Vertrauen
zu mir.
Tinch. Ja, ich will — — (Plötzlich
erschreckt aufhorchend). Ich höre reden — der
Vater!! Mutter, ich bitte Dich, sag' ihm
nichts. — (Trocknet sich rasch die Thränen
von den Augen.) Ich will heute schon lustig
sein — recht lustig!

Achte Scene.

Vorige. Max. Jacob Hartinger.

Max (tritt mit Jacob ein, bleibt aber über-
rascht stehen). Tausend! Was ist denn das?
Jak. Glänzende Beleuchtung, und rund
um und um Tannenreis, g'rad als ob der
Heurige ausgesteckt wäre.
Carol. Nein, das gilt nicht meinem
Heurigen, sondern meinem Alten! (Eilt
auf Max zu und schließt ihn in die Arme.)
Max. Lini, mein liebes Weibchen, sag'
mir, hast Du mich denn noch immer lieb?
Carol. Da! (Küßt ihn herzlich.) Da hast
Du die Antwort darauf!

Jac. (für sich). Wenn die immer so antworten, möcht' ich sie schon auch um etwas fragen.

Tinch. (zu Max und Carolinen tretend). Lieber Vater! Liebe Mutter! Ich gratulire Euch zu dem heutigen Freudentag, und bitte Euch, behaltet mich auch immer lieb.

Max. Brauchst Du denn um das erst zu bitten? Komm' her! (Während er Caroline mit einer Hand an sich zieht, dabei mit der andern Hand auf seine Brust weisend. Da ist ja noch Platz genug für Dich.

Tinch. (eilt an seine Brust).

Max. (Beide umschlungen haltend, zu Jacob). Na, Gevatter, schau mich an! Hab' ich Ursache, vom Himmel noch mehr zu verlangen? Red'!

Jac. (wendet sich zum Weggehen). Ich geh'!

Max. Wo willst Du denn hin?

Jac. Das hab' ich nicht vermuthet, daß man mich hier so beleidigen wird.

Max. Was beleidigen?

Jac. Ja, wenn man vor einem alten Hagestolz solche eheliche Scenen aufführt, so heißt das so viel, als wenn man ihm sagte: Siehst, was Du für ein Esel bist, daß Du nicht auch geheiratet hast! Diese Beschämung hätte man mir ersparen sollen.

Max. Ha, ha, ha! — Geschieht Dir schon recht! — Aber es ist noch nicht zu spät — schau Dich nur um.

Jac. Was, ich? Jetzt noch heirathen? Da gehörte ich in's Thierspital. — aber nicht als Arzt, sondern als Patient.

Max. Na, halte das wie Du willst! — Aber jetzt (zu Carolinen) Lini, was ist's? — Der Gevatter ist heut unser Gast — haben wir auch etwas Ordentliches zu essen?

Carol. Dafür ist schon gesorgt. (Zu Jakob.) Wenn Ihr verlieb nehmen wollt, einen Schildhahn kann ich Euch vorsetzen.

Jac. (sich verneigend). So einen Vorgesetzten laß' ich mir gefallen. Er soll mich als einen tüchtigen Arbeiter kennen lernen.

Max. Na also, der Appetit ist da — so richtet bald an!

Jac. Halt! Ich bring' auch einen mit, der was anrichten kann. (Zieht aus beiden Rocktaschen Flaschen heraus.) Da — echten Siebenundneunziger. (Stellt die Flaschen auf den Tisch.)

Carol. Aber Herr Gevatter, das ist ja Alles zu viel.

Jac. Zu viel? Wär' möglich, wenn ich nicht miltränke. Ihr wisset nicht, was ein alter Kurschmied leisten kann, wenn er gut aufgelegt ist. Ich habe beim Militär gedient, und in meiner veterinärischen Stellung nie gegen andere Batterien gekämpft, als gegen Flaschen-Batterien. Da habe ich aber immer das Halsbrecherischste geleistet.

Max. Aber bevor wir uns an den Tisch setzen, muß ich mich ein bischen commod machen. (Zu Karolinen.) Leiste Du derweil dem Gevatter Gesellschaft — ich ziehe nur meine Hausjacke an — und dann hab' ich auch noch meinem Burschen einen Auftrag zu geben.

Carol. Für heute noch? — es ist ja schon Nacht.

Max. Eben deswegen! Im nächsten Ort drüben ist gestern Feuer gelegt worden, man muß auf der Hut sein, und deßwegen sollen ein paar von meinen Leuten abwechselnd die ganze Nacht hindurch um's Haus patrouliren.

Tinch. (für sich erschreckt). O mein Gott!

Max. (zu Carolinen). Aber laß nur Inzwischen anrichten, ich bin gleich wieder da. (Ab in's Nebenzimmer.)

Carol. (zu Tinchen). Geh', Tinchen — (Sie betrachtend.) Aber was ist's denn? Du bist auf einmal ganz blaß —

Tinch. (aus ihren Gedanken erwachend). Ich? — Nein — mir ist nichts — gar nichts! — Was soll ich denn?

Carol. Schau in der Küche nach, ob Alles in Ordnung ist.

Tinch. (für sich im Abgehen). Gott! Wenn er nur heute nicht herkäme! (Ab.)

Carol. (zu Jacob). Herr Gevatter! Mir ist's lieb, daß wir einen Augenblick allein sind. — Ich hab' mir schon lang vorgenommen, Euch um Rath zu fragen. — Ihr seid ja bekannt als der gescheidteste Mann im Ort.

Jac. Hm! Weil ich so hin und wieder meine ganz aparten Ansichten habe, und meistens das Richtige herausfinde — aber ich müßte ein schlechter Schmied sein, wenn ich nicht einmal den Nagel auf den Kopf treffen könnte.

Carol. Der Herr Pfarrer selber nennt Euch immer den Dorf-Filosofen. Ich weiß zwar nicht, was das eigentlich heißt: Filosof sein —

Jac. Filosof? Das heißt eigentlich unendlich viel, heißt aber mitunter auch gar nichts. Im grauen Alterthum, da haben nur die Männer, die ihr ganzes Leben der Wissenschaft gewidmet und die Geheimnisse der Natur erforscht haben, erst als Greise mit kahlen Schädeln und weißen Bärten den Ehrentitel: »Filosof« oder »Weltweiser« erhalten; aber in unserer Zeit darf Einer nur sechs lateinische Schulen durchgelaufen haben, und er kriegt's gleich schriftlich, gestämpelt und gesiegelt, daß er ein Filosof ist. — Während vor Zeiten in ganz Griechenland nur sieben Weltweise waren, werden jetzt bei uns alle Jahr in einer Schulstube gleich ein hundert Weltweise ausgebacken. Ja, wir haben jetzt eine gar so gesegnete Zeit!

Carol. Aber Ihr habt doch keine lateinischen Schulen durchgemacht?

Jac. Nein! Aber dafür hab' ich gelernt auch die Thiere mit aller Aufmerksamkeit zu behandeln, und das ist schon, wenn auch nicht Weltweisheit, doch wenigstens Weltklugheit.

Carol. Ah, Ihr wißt schon auch die Menschen zu behandeln. — Jung und Alt holt sich bei Euch Rath.

Jac. Na ja, wenn man sich so wie ich ein halbes Jahrhundert in der Welt, bald im Krieg, bald im Frieden, bei Militär und Civile, in großen Städten und auf dem Lande herumgekugelt hat, da gewöhnt man sich dann so einen gewissen Blick an, daß man Einen nur anzuschauen braucht, und man weiß, wie man daran ist.

Carol. Na, so schaut Euch einmal unser Tinchen an!

Jac. (erstaunt). Was? Meine Taufpathin?

Neunte Scene.

Vorige. Max (tritt im Hausrocke aus dem Seitenzimmer).

Carol. (ohne Max zu bemerken, das Gespräch fortsetzend). Ja, Tinchen, es ist nicht ganz richtig mit ihr.

Max (macht eine Geberde ängstlicher Ueberraschung).

Jac. Aber daß mir der Max nichts davon gesagt hat —

Carol. Mein Gott! Der bemerkt das nicht so — er ist wenig zu Haus, und wenn er da ist, nimmt sie sich zusammen — aber ich hab' sie den ganzen Tag in meiner Nähe — mir ist es nicht entgangen, daß ihr was ist, was sie nur nicht gestehen mag.

Jac. Merkwürdig! Einen ähnlichen Fall hab' ich in meinem Hause auch.

Carol. Ich fürchte, die Krankheit sitzt mehr im Gemüth.

Jac. (nachdenkend und den Kopf schüttelnd). Hm, hm! — Ja — ja — das Mädel ist sechzehn Jahre alt — in dem Alter wächst sich bei den Frauenzimmern gewöhnlich das Gemüth an.

Carol. Ich fürchte halt, es könnte doch bedenklich werden.

Max (rasch hervortretend). Was hör' ich da?

Carol. (erschreckt). Mein Gott!

Max (sie an der Hand fassend). Ich bitte Dich, rede! Was ist's mit meiner Tochter? — Ist sie krank?

Carol. Nein, nein, erschrick' nur nicht so — ich kann mich ja auch irren — ich bin nur so besorgt und da hab' ich den Gevatter gebeten —

Jac. Na ja — nur daß ich sie anschau' — das Anschauen kostet ja nichts.

Max (besorgt). Ja, ich bitte Dich um Gottes willen — es ist vielleicht ein Uebel, das erst im Entstehen ist — da läßt sich leichter abhelfen.
Jac. Freilich! Ich weiß eine Menge Hausmittel — aber Ihr müßt mir halt auch Vertrauen schenken, denn — das sagt' ich Euch gleich — wenn ich Jemanden in die Kur nehme, so muß auch streng Alles geschehen, was ich anordne.
Max. Ja, ja, ich thu' Alles — ich geb' Dir mein Wort darauf.
Carol. (gegen die Seitenthür sehend). Still! Still! Sie kommt!
Jac. Laßt ihr vor der Hand nur nichts merken.

Zehnte Scene.
Vorige. Tinchen. Eine Magd.
(Die Magd trägt eine Schüssel, stellt selbe auf den Tisch und geht wieder ab.)
Tinch. (vorwärts kommend, ihre Aengstlichkeit kaum zu verbergen im Stande). So, wenn's gefällig ist — (Deutet gegen den Tisch.)
Jac. Ja, ja, geben wir zum Essen. — (Reicht Tinchen seinen Arm mit etwas plumper Grazie.) Ihren Arm, meine Dame!
Tinch. (zu Max). Vater! Soll ich nicht die Jägerburschen auch zum Essen rufen?
Max. Nein, nein — die sind schon auf ihren Posten.
Tinch. (unterdrückt mühsam einen Seufzer).
Jac. (Tinchen immer firirend, für sich). Das hätte ein Seufzer werden sollen, sie hat ihn aber unterdrückt, hm, hm! (Faßt ihre Hand und fühlt den Puls.) Der Puls geht nicht im gewöhnlichen Schritt.

Eilfte Scene.
Vorige. Kurt, Balzer (eilen durch die Mitte herein).
Balz. Wir haben ihn! Wir haben ihn!
Zugleich { Tinch. (sich vergessend, leise). O mein Gott!
Jac. (für sich) Was ist das? Der Puls schlägt einen Galopp ein!
Max (zu den Jägerburschen). Wen — wen habt Ihr?

Balz. Einen Mordbrenner!
Kurt. Das heißt — so bestimmt wissen wir das nicht — aber lassen Sie sich nur erzählen —
Max. Na, so redet!
Tinch. (läßt ihre Haub aus der Jacobs und horcht gespannt zu).
Kurt. Wie Sie uns befohlen haben, haben wir in der Nähe des Hauses Streifung gehalten —
Balz. Die Andern auswärts — ich habe das Haus umzingelt.
Kurt. Da — auf einmal — sehen wir eine dunkle Gestalt über den Gartenzaun steigen —
Tinch. (für sich). O Himmel!
Max. War denn mein Azor nicht von der Kette los? — Der wird ihn doch gestellt haben?
Balz. Das hab' ich auch geglaubt — denn darin hab' ich ihm Unterricht gegeben —
Kurt. Aber der Hund ist ihm, wie einem guten Bekannten, entgegen gesprungen —
Max. Was? Der Azor?
Balz. Er war mehr von bon ami, als Azor — er hat ihm aus der Hand gefressen und hat gewedelt.
Max. Was? Morgen erschieß ich das Bestie!
Tinch. (für sich). Er ist's wirklich! (Sie wendet sich ab und hält sich, beinahe einer Ohnmacht nahe, an die Lehne eines Sessels.)
Jac. (welcher sie fortwährend im Auge behalten, für sich) Ich hab's! — Diese Symptome sind zu klar!
Max (zu den Jägerburschen). Na — weiter — weiter!
Kurt. D'rauf sind wir ihm nach und haben ihn festgepackt.
Max. Na, so bringt den Kerl nur herein! Haben wir nur Einen, so kommen wir der ganzen Bande auf die Spur.
Jac. (halb für sich). Ja, der ganzen Bandelei! — Ich bin nur neugierig, was sie für einen Gusto hat.

Zwölfte Scene.

Vorige. Bertholb. Einige andere Jägerburschen.

Berth. (welcher absichtlich das Gesicht abwendet, wird von den Jägerburschen hereingeführt).

Jac. Laßt mir zuerst mich den Kerl anschauen — ich bin in der ganzen Umgegend bekannt. — (Nimmt das Licht vom Tische und geht zu Berthold.)

Tinch. (während dies geschieht, für sich). Gott im Himmel, erbarme Dich!

Jac. (dreht Bertholds Gesicht gegen sich). Gib dein Gesicht her! (Beleuchtet dasselbe.)

Berth. (leise, mit flehender Stimme). Meister! Ich bin's — helft mir!

Jac. (für sich). Alle Wetter! Der — und Die — alle Zwei meine Patienten — und die nämliche Krankheit! (Zu Berthold, die Faust erhebend). Wart'! Jetzt werd' ich Dich schon curiren.

Max. Na, was ist's denn? — Kennst Du ihn?

Jac. (laut). Freilich kenn' ich ihn! Die (auf Balzer und Kurt weisend) haben schon den Rechten erwischt.

Balz. (stolz). Ich glaub's — wo ich dabei bin —

Jac. (auf Berthold weisend). Der ist wirklich ein Brandstifter!

Max. Also doch?

Balz. Nieder mit ihm!

Tinch. (für sich). Mein Gott!

Berth. (leise). Meister, was thut Ihr denn?

Kurt. Ja, zu vermuthen ist's schon — aber wie läßt sich das beweisen?

Jac. Braucht's noch einen weiteren Beweis, wenn man einen auf der frischen That ertappt — wenn man das von ihm angelegte Feuer sieht?

Max
Carol.
Balz. } (rasch gegen das Fenster eilend).
Kurt
Die Jägerb. } Ein Feuer? Wo?

Zugleich.

Jac. Ja, beim Fenster dürft Ihr nicht hinausschauen — (Eilt zu Tinchen, faßt ihre Hand und weist mit einem Finger auf ihr Gesicht.) Da — da schaut her!

Alle (wenden sich rasch um).

Max.
Carol. } Was soll das?

Tinch. (leise, in höchster Angst). Herr Gevatter!

Jac. Seht Ihr nicht, wie es da brennt? Die furchtbare Röthe auf den Wangen, und bei den Augen schlagen die Flammen heraus.

Balz. Meiner Seel'! — Mich wundert nur, daß noch kein Feuerlärm zu hören ist.

Jac. Das hat Alles der (auf Berthold weisend) gethan. — Wart, verdammter Kerl!

Max. Aber wie ist mir denn? Was soll denn das Alles?

Jac. Du meinst, was geschehen soll? — Der Brandstifter soll streng bestraft werden, und zwar nach dem veralteten grausamen Gesetz, welches also lautet:

Balz. Hört! Hört!

Jac. (citirend). Wenn man bei einer Feuersbrunst den entdeckt, der das Feuer gelegt hat, so (faßt Berthold an der Haub) soll man ihn mitten in das Feuer — hineinwerfen! (Schleudert Berthold so gegen Tinchen, daß er ihr gerade an die Brust sinkt.) So! Da lieg'! — Verbrenn' meinetwegen!

Max. Aber Gevatter, was thust Du denn? (Will zu Tinchen und Berthold.)

Jac. (ihn aufhaltend und an der Hand fassend, leise). Halt! Halt! Hör' mich an! — Und Sie (zu Caroline) Frau Gevatterin auch! (Faßt auch ihre Hand.)

Balz. (auf die Liebenden weisend, welche sich noch immer umschlungen halten). Aber was ist' denn? — Mir scheint, das Feuer greift immer mehr um sich — soll ich nicht wenigstens eine Spritzkanne holen?

Jac. Lasset nur! Da ist nichts mehr zu retten. (Leise zu Max und Carolinen.) Ihr habt mich aufgefordert, das kranke Mädel zu curiren —

Max. Das wohl —

Jac. (leise). Ihr habt mir Euer Wort darauf gegeben, jedes Mittel anzuwenden, welches ich verordnen werde? —
Carol. Ja, das wohl —
Jac. (laut). Na, seht, ich hab' erkannt, was der Jungfer Tini fehlt, und verordne (zwischen Tinchen und Berthold tretend und Letzterem die Hand auf die Schulter legend) das Hausmittel! Wenn Ihr's nicht gutwillig gebt, so stehe ich für die Folgen nicht.
Balz. Was? Den soll die Jungfer Tini einnehmen? Auf einmal oder alle Stund' ein paar Eßlöffel voll?
Max. ⎫
Carol. ⎭ Aber wer ist's denn?
Jac. Das ist mein bravster, bester Gesell, ein ehrlicher, sparsamer Mensch — mit einer geschickten Hand, einem hellen Kopf und einem guten Herzen.
Berth. (aufstehend). Meister!
Jac. (zu Berthold). Still sei! — Ich rede! (Zu Max und Carolinen.) Dem will ich, sobald er von seiner Wanderschaft zurückkommt, mein Schmiedegeschäft übergeben — dann ist er ein gemachter Mann, der sein Weib erhalten kann — und darum — (sich in devoter Haltung Maxen und Carolinen nähernd, mit komischer Ceremonie) Hochzuverehrender Herr Vater! So wie nicht minder respectable Frau Stiefmutter! Erscheine ich ganz ergebenst vor Euch als Brautwerber für den ehr- und sittsamen Junggesellen Berthold Schlager, als welcher in hohem Maße Eurem holden liebwerthen Töchterlein in Liebe zugethan thun sein thäte und bitte um gütigen Bescheid.
Tinch. (in höchster Freude). Herr Gevatter!
Berth. Meister!
Max. Ja, wie ist mir denn? Mir schwindelt völlig.
Jac. Die Festung wankt — jetzt den Hauptsturm! (Zu Tinchen und Berthold.) Geschwind! Im Sturmschritt, Marsch! Daher!
Berth. ⎫ (eilen zu Max und knieen vor
Tinch. ⎭ diesem nieder).
Berth. Herr Amtmann!

Tinch. Vater!
Max. Was soll ich denn? Ihr überrumpelt mich ja förmlich — ich hab' ja gar nichts gewußt —
Jac. Mach' Dir nichts b'rans! Bei so etwas ist der Vater immer der Letzte, der's erfährt — das ist welthistorisch.
Max. Und jetzt auf einmal, — das will doch bedacht sein.
Jac. (zu Maren leise). Deine Tochter ist ganz krank vor Liebe — wenn Du ihr ihn nicht gibst, ist's aus mit ihr. .
Carol. ⎫ Was? — Um Alles in der
Max. ⎭ Welt!
Jac. Ich sag' Euch, sie wird hin! — Also nicht lang überlegt! Heut' ist just Euer Vermälungstag, warum soll der nicht zugleich ein Verlobungstag sein? Das muß schon so im Datum liegen. Macht die zwei jungen Leute so glücklich, als Ihr es selber seid.
Max. (zu Tinchen). Ja, sag' mir nur, hast Du denn den Burschen gar so gern?
Tinch. Vater! Ich kann nicht leben ohne ihn.
Jac. (zu Max). Da hörst Du's! — Ihr Leben ist pfutsch — ich hab's ja gesagt.
Max (zu Berthold). Und Du? Meinst Du's ehrlich? Wirst Du sie glücklich machen?
Berth. Ich schwör's beim allmächtigen Gott! Ich will nur für sie leben!
Max. Na, — so — in Gottes Namen!
Berth. ⎫ (springen auf und wollen ihm
Tinch. ⎭ um den Hals fallen). Vater!
Max. Halt! Gar so rasch geht's doch nicht. — Ihr könnt Euch derweil als Verlobte betrachten, aber heiraten dürft Ihr erst, wenn der (auf Berthold weisend) sein Meisterrecht hat.

Berth. O Dank! Dank! Tausend Dank! (Stürzt an Marens Brust.)
Tinch. Vater! Mutter! (Eilt zuerst Carolinen, dann Maxen an die Brust.)
Balz. (die allgemeine Freude trübselig betrachtend). Gott, — die Jrendel — Wie gut die's haben — wenn ich denke, wie es mir erging, als mein Verhältniß entdeckt

wurde! (Reibt sich den Rücken.) O, meine Vergangenheit! (Zu den andern Jägerburschen.) Kommt, Cameraden! Den Anblick halt' ich nicht aus. (Ab. Kurt und die Jägerburschen folgen ihm.)

Jac. Aber jetzt, glaub' ich, wär's angezeigt, zum Nachtmahl zu gehen. — Was muß sich der Schildhahn von uns denken, daß wir ihn so lang warten lassen? — Na, der (auf Berthold weisend) darf jetzt doch auch mithalten? Jungfer Tinchen wird schon ihre Portion mit ihm theilen.

Tinch. Ja, ja! (Zu Maxen und Carolinen.) Ihr habt doch nichts dagegen? Ich werde gleich für ihn aufdecken. (Eilt lustig zu einem Schranke und holt ein fünftes Couvert, welches sie auf den Tisch stellt.) So, lieber Berthold, — da setz' Dich her — da zu mir!

Max (Tinchen betrachtend). Meiner Seel'! So lustig hab' ich das Mädel schon lang nicht gesehen.

Jac. Ja, mein Hausmittel! Ha, ha, ha! — Gelt, die Kur ist geschwind gegangen? Aber die Natur hat halt auch mitgeholfen. (Während dieser Rede sind Alle zum Tische gegangen und haben Platz genommen.)

Jac. Aber jetzt vor Allem eingeschenkt, (schenkt Allen ein) die Gläser in die Hand genommen und angestoßen: Die Eheleute und die Brautleute sollen leben!

Alle (stoßen an).

Max (in heiterster Laune). Das hätt' ich mir nicht träumen lassen, daß ich mein Töchterlein heute noch als Braut sehe!

Berth. Gott! Wenn ich hätte hoffen können, daß Alles so schnell, so leicht geht! — Aber das haben wir nur meinem lieben Meister zu danken.

Jac. Ah was! Das ist nicht mein Verdienst — das liegt in unseren Verhältnissen. Wo nicht viel ist, da ist Alles leicht geordnet.

Max. Recht hast Du, Gevatter! Darum nehmt Ihr, junges Volk, Euch ein Beispiel an uns Aeltern. Wir sind arm und leben von heut auf morgen, aber so lang wir da (auf's Herz weisend) so reich sind, haben wir keinen andern Wunsch, als den: Herr! laß es immer so bleiben, wie es jetzt ist!

Jac. Ja, steht auf! Nehmt die Gläser!

Alle (erheben sich mit den Gläsern in der Hand).

Jac. Wie es jetzt ist, soll's auch bleiben hinfür, Das Unglück klopf' niemals an eure Thür!

Alle (wollen eben mit den Gläsern anklingen — in diesem Augenblicke wird an der Thür gepocht).

Carol. (mit vor Angst gepreßter Stimme). Herein!

Dreizehnte Scene.

(Die Mittelthür öffnet sich, — Victor von Wallhaus, ganz schwarz, aber mit feinster Eleganz gekleidet, einen Flor auf dem Hute, steht grüßend unter derselben.)

Alle (treten beinahe von Scheu erfaßt, vom Tische weg, mehr gegen den Vordergrund).

Victor. Ist es erlaubt einzutreten?

(Der Vorhang fällt.)

Zweiter Act.

(Saal auf dem Schlosse Rübenstein im Renaissance-Stile, an der Hinterwand hängt ein großes Bild (Kniestück), welches einen Mann im Alter von ungefähr sechzig Jahren, mit weißem Haar und Bart, in einem in breiten Falten über die Schulter geworfenen Mantel, stehend, die Hand auf einen mit grünem Tuche behangenen Tisch gestemmt, darstellt. Der Vorhang ist zurückgeschoben und hängt seitwärts neben dem Bilde. Unter dem Bilde ist die Mittelthür, rechts und links Seitenthüren. Im Saale elegante, jedoch auch im gleichen Stile gehaltene Meubles. In der Mitte ein großer Tisch, worauf die Ueberreste eines schwelgerischen Soupers. Gläser, Flaschen in Eis gekühlt rc. Es ist noch der früheste Morgen — herabgebrannte, aber noch brennende Kerzen in silbernen Armleuchtern stehen auf dem Tische.)

Erste Scene.

Victor. Herr von Ammer. Herr von Schwirr. Herr v. Reckenberg. Mehrere andere Freunde Victors (theils stehend, theils sitzend, rings um den Tisch. — Ersterer noch im selben Anzuge, wie zu Ende des ersten Actes, Letztere in eleganten Jagd-Costumes, alle die Champagner-Gläser in Händen haltend).

Trinklied.
(Gesungen von Victor oder einem Gaste.)

Chor.

Leeret die Gläser und schenkt wieder ein,
Es schwinden die Sorgen, die Lust herrscht allein.
Der Wein! Der Wein!

Solostimme.

Im schäumenden Perlen der Reben
Verschwindet des Zweifels Qual,
Der Wein nur vermag uns zu geben,
Die seligste Ruh allzumal!
Zweifelst Du, Freund, an des Liebchens Schwur —
Dein Glas reich' uns her, und grüble nicht mehr!
Sinkst taumelnd Gott Bachus au's Herz Du nur,
Glaubst jedem Mägdlein sein —
Sein Herz sei rein!
Beim Wein! Beim Wein!

Chor.

Leeret die Gläser und schenkt wieder ein,
An Tugend der Mädchen glaubt man erst beim Wein!

Solostimme.

Und sollte der Muth Dir einst schwinden,
Von Kummer und Herzeleid —
So suche die Hoffnung zu finden,
Sie trägt ein Rebenblätterkleid!
Sieh' Dir die Welt an durch ein Glas,
Geschärft unter'm Faß
Durch der Trauben Naß;
Gleich blitzt in die kümmernde Seele dein
Im strahlenden Schein
Die Hoffnung hinein!
Beim Wein! Beim Wein!

Chor.

Leeret die Gläser und schenkt wieder ein,
Man glaubt und man hofft nur beim Glase voll Wein!

Ammer. Höre, Victor, das war eine famose Idee, daß Du beschlossen hast, die Trauerzeit nicht in der Stadt, sondern hier auf dem Gute Rübenstein zuzubringen!

Vict. In der Residenz hätte ich aus bloßer Rücksicht für die öffentliche Meinung sauere Gesichter schneiden und alle rauschenden Vergnügungen meiden müssen, darum begab ich mich gleich nach Empfang der Nachricht vom Tode meines Onkels hieher, lud Euch, meine alten Kumpane, ebenfalls ein, und will nun hier die ersten Wochen meiner tiefen Trauer recht kreuzfidel und lustig zubringen.

Schwirr. Ja, wer an deiner Stelle sein könnte, aber die reichen Onkels, welche ihre Neffen zu Universal-Erben einsetzen, kommen fast ganz aus der Mode.

Vict. Wen hätte mein Onkel sonst zum Erben einsetzen sollen, als mich? Er hatte keine andern Verwandten, als meinen verstorbenen Vater, der sein Bruder war, und mich. —

Reckend. Aber hörte ich denn nicht einmal, daß dein Onkel auch eine Schwester gehabt habe?

Vict. Ja wohl — die hätte aber nie Anspruch auf eine Erbschaft gehabt — sie ist nämlich schon vor langer Zeit mit einem Abenteurer, in den sie sich vernarrt hatte, durchgegangen, und ließ sich heimlich mit ihm trauen. — Nachdem dieser ihr bischen Habe durchgebracht, und sie Mutter eines Kindes geworden, verließ er sie wieder. — Aber nun kümmerte sich Niemand von unserer Familie mehr um sie, und erst später erfuhr man durch die Zeitungen, daß sie obdachlos umherirrend, ferne von der Hauptstadt, elend zu Grunde gegangen sei.

Schwirr. Und ihr Kind?

Vict. Da die Ehe eine ungesetzliche war, kümmerte man sich natürlich auch um die

Frucht derselben nicht. So blieben nur die zwei Geschwister, der Onkel, und mein Vater. Nachdem dieser gestorben — ich war damals erst vier Jahre alt — gelobte der Onkel an mir Vaterstelle zu vertreten, liebte und hätschelte mich auch wie ein eigenes Kind, und legte, kurz bevor er nach London übersiedelte, sein Testament, welches für alle Fälle mich zu seinem Universal-Erben ernannte, in die Hände meiner Mutter — sandte aber auch während seiner Abwesenheit jährlich eine bedeutende Summe zur Bestreitung meiner Ausbildung.

Ammer (lachend). Nun, Du hast das Geld auch redlich dazu verwendet. Hahaha!

Vict. Ja, zu den Studien, welche ich machte, reichte des Onkels Geld gar nicht aus! Aber was that's? Gegen Vorweisung des Testamentes stand ganz Israel in allen Anlehensgeschäften mir zu Gebote! Ich sage Euch — ich steckte schon höllisch tief d'rin — nun könnt' Ihr Euch aber die frohe Ueberraschung denken, als vor acht Tagen ein schwarzgesiegelter Brief aus London ankam, worin der Anwalt meines Onkels, ein gewisser Doctor Falter, mir meldet, daß jener plötzlich vom Schlage getroffen, und Tags darauf verschieden sei!

Ammer. Nun, Gott hab' ihn selig! Aber nun wirst Du wegen Ordnung deiner Erbschaftsangelegenheiten eine Reise nach London antreten müssen?

Vict. Das weiß ich noch nicht, dieser Doctor Falter schrieb mir unter Einem, daß er acht Tage nach Abgabe seines Briefes — das wäre also heute — hier auf Schloß Rübenstein, welches mit zur Erbschaft gehört, eintreffen werde. Vielleicht läßt sich das Ganze durch ihn arrangiren.

Schwirr. Das wäre das Beste! Dann bleibst Du hier. —

Vict. Und Ihr bei mir! Es soll ein fideles Leben werden! Ich erlaube Euch, auf meinem Schlosse das Oberste zu unterst zu kehren!

Ammer. Das wollen wir auch, deine Keller sollen gelichtet werden.

Schwirr. In acht Tagen soll man kein Wild mehr in deinen Forsten finden.

Keckend. Wehe den hübschen Dirnen im Orte.

Vict. Nun, ich gestatte Euch auch auf diese freie Jagd — Eine ausgenommen!

Ammer. Was hör' ich? — Hast Du hier schon ein Blümlein Wunderhold gefunden?

Vict. Ja, das hat so seine eigene Bewandtniß. Denkt Euch nur, dieser Doctor Falter schrieb mir am Schlusse seines Briefes, ich möchte, hier angelangt, sogleich das Haus des hiesigen Revierjägers besuchen und mir dessen Töchterlein besehen.

Ammer. Aha! Also deshalb schlichst Du Dich gestern, noch spät Abends, fort?

Vict. Ja, das war die Ursache! Ich ging in's Jägerhaus, führte mich als den neuen Gutsherrn ein, und sah wirklich ein Mädchen — ein Kern-Mädchen, sag' ich Euch — so nett, so appetitlich —

Schwirr. Bist ein Glückspilz! Nun, ich gönne sie Dir, und bringe dieß Glas aus auf das Wohl der allerneuesten Flamme unseres Freundes!

Alle (stehen auf und stoßen an). Sie lebe hoch!

Zweite Scene.

Vorige. Dr. Falter. Jean.

Jean (führt Falter durch die Mitte ein, auf Victor weisend). Hier ist der gnädige Herr! (Geht wieder ab.)

Falt. (ein alter Mann, in einem bis oben zugeknöpften Oberrocke, bleibt anfangs mehr im Hintergrunde stehen.) Ah, da geht's ja recht lustig her! (Mehr vorwärts kommend, und zu Victor tretend, indem er diesen auf die Schulter klopft.) Herr von Wallhaus!

Vict. (sieht sich überrascht um). Ha — Sie — !

Falt. (legt den Finger auf den Mund, leise). Pst! Stellen Sie mich Ihrer Gesellschaft nicht vor — es hat seine Ursache — —

Vict. (mit ihm vom Tische weg — mehr seitwärts tretend). Wie — Herr Doctor? — Was soll das bedeuten?

Falt. (leise). Ich hoffte hier auf diesem Schlosse mit Ihnen allein zusammentreffen zu können — einer wichtigen Mittheilung wegen.

Vict. Sie machen mich neugierig — indeß allein können wir gleich sein. (Zu seinen Freunden.) Freunde, — Ihr vergebt wohl — dieser Herr kommt in dringenden Geschäftsangelegenheiten —

Ammer. Da wollen wir nicht stören — wir machen indeß einen Spaziergang in den Park. — Es ist auch bereits heller Tag geworden. (Zu den Uebrigen.) Also kommt! (Zu Victor.) Auf baldiges Wiedersehen! (Alle ab, außer)

Victor — Falter.

Vict. Ihre Mittheilung muß wirklich wichtiger Art sein, da Sie, eben von einer so weiten Reise kommend, sich nicht einmal früher eine Erholung gönnen.

Falt. Ja, ich bin zwar sehr erschöpft — bin die ganze Nacht hindurch gefahren, ohne ein Auge zu schließen — indeß ist die Angelegenheit so dringend —

Vict. Sprechen Sie!

Falt. Sogleich, — erlauben Sie nur, (indem er sich einen Stuhl herbeiholt und sich setzt) ich bin zu müde. Aber setzen Sie sich doch auch.

Vict. Ich danke.

Falt. Setzen Sie sich, (ihn bedauernd ansehend) so brauchen Sie sich nicht erst später um einen Stuhl umzusehen, wenn Ihnen Ihre Füße vielleicht den Dienst künden sollten.

Vict. Was sollen diese Reden? (Setzt sich neben Falter.) Sie machen mich wahrhaft ängstlich! Mein Onkel war doch wirklich so reich, als man allgemein glaubte?

Falt. Ja, der Arme hinterließ beinahe zwei Millionen.

Vict. Und diese gehören —

Falt. Den Erben natürlich!

Vict. Also mir!

Falt. (sieht Victor wieder mit einem bedauernden Blicke an).

Vict. Was sollen diese Blicke? Ist denn nicht das Testament in meinen Händen, ich hab's sogar bei mir (zieht eine Schrift aus der Brusttasche) hier.

Falt. (ohne darauf zu sehen). Ja, ja, ich weiß, das vor zwölf Jahren verfaßte. (Bedeutungsvoll.) Vor zwölf Jahren —

Vict. Nun — und was weiter?

Falt. Ich weiß wahrhaftig nicht, wie ich Ihnen die Sache schonend genug vortragen soll.

Vict. (immer gespannter und ängstlicher). Foltern Sie mich nicht mit einer langen Einleitung! — Zur Sache — zur Sache!

Falt. Wir sind dabei. Dieses Testament (auf die von Victor gehaltene Schrift deutend) setzte Ihr Oheim vor seiner Abreise nach London auf, dachte auch wirklich nicht daran, jemals eine Aenderung zu treffen.

Vict. Eine Aenderung?

Falt. Während der letzten Jahre kam er aber auf die fatale Idee, seine hiesigen Agenten zu beauftragen, Sie, ohne daß Sie eine Ahnung davon hatten, zu überwachen, und ihm schriftliche Berichte über Ihren Lebenswandel einzusenden. Wie diese lauteten, werden Sie, bei einem Rückblicke auf die verflossenen Jahre, wohl selbst wissen.

Vict. Schrieb man Nachtheiliges über mich? Verleumdung!

Falt. So? Haben Sie, wie Ihr Oheim es wünschte, Ihre Studien vollendet?

Vict. Als Erbe eines Millionärs studiren? Luxus!

Falt. Haben Sie nicht den Wunsch, den lieben Onkel bald unter der Erde zu wissen, bei verschiedenen Gelegenheiten laut ausgesprochen?

Vict. Wenn mein Onkel mich zu beerben gehabt hätte — hätte er mir wahrscheinlich dasselbe gewünscht.

Falt. Er aber nahm sich dies zu Herzen — ja, er war so empört darüber, daß er nachsann, wen er — statt Ihnen, zu seinem Erben einsetzen könnte?

Vict. Und wer könnte dieß sein?

Falt. Er erinnerte sich seiner unglücklichen Schwester, und daß diese ein Kind hinterlassen habe, — er ließ nun Nachforschungen anstellen — es stellte sich heraus, daß diese Tochter seiner Schwester hier in diesem Ort lebe, und zwar als die Frau eines armen, aber wackern Mannes. Diese Nachricht bewog ihn, dies Gut kaufen zu lassen, er wollte selbst hieher reisen, hatte deshalb auch schon sein Meublement und die Dienerschaft vorausgeschickt, als ihn so ganz unvermuthet der Tod ereilte.

Vict. Zum Glücke — zum Glücke!

Falt. Sie irren — denn wenige Minuten vor seinem Verscheiden legte er diese Schrift in meine Hände. (Zieht ebenfalls eine Schrift heraus.)

Vict. Diese Schrift?

Falt. Es ist ein nachträglich verfaßtes, von ihm eigenhändig geschriebenes Testament, wodurch er das frühere gänzlich annullirt.

Vict. (starr vor Schreck). Annullirt? Das ist nicht möglich — es kann nicht sein!

Falt. (hat indeß die Schrift entfaltet und hält sie Victor hin). Sie kennen doch die Schrift Ihres Onkels?

Vict. Ja — ja — (ließt.) Setze ich mein früheres Testament — außer Kraft — und vermache mein Gesammtvermögen meiner Schwestertochter, der Frau Caroline Aumann, gebornen Wellrich, und deren Ehegatten, dem Revierjäger Max Aumann.

Falt. Sind Sie nun überzeugt?

Vict. Fürchterlich überzeugt, und dieß Testament — (langt mit Wildheit darnach).

Falt. (es rasch zurückziehend). Halt! Halt! Gemach! — Mit dieser Urkunde muß man vorsichtig umgehen — sie ist ja das einzige Exemplar! (Faltet das Papier sorgfältig wieder zusammen und steckt es ein.) Und ich bin beauftragt, es sogleich nach meiner Ankunft beim hiesigen Gerichte zu deponiren, und die Realisirung zu betreiben!

Vict. (wendet sich mit einer Geberde der Verzweiflung zum Abgehen). Leben Sie wohl!

Falt. Ei, wohin denn?

Vict. (nach oben weisend). Zu meinem Onkel!

Falt. Nach jenseits! Eine weite Reise —

Vict. O nein! Das Jenseits liegt vom Dießseits nur einen Pistolenschuß weit!

Falt. (den Kopf schüttelnd). Ei, ei, ei; zum Erschießen haben: Sie noch immer Zeit, wenn alle andern Mittel fehlschlagen!

Vict. (wieder auflebend). Andere Mittel? Gibt es noch welche? — Doctor! Menschenfreund! Himmelsgesandter! Ich kniee nieder vor Ihnen, ich bete Sie an, wenn Sie mir einen Ausweg wissen!

Falt. Na, na, wir wollen sehen — setzen Sie sich nur wieder!

Vict. (in den Stuhl sinkend). Ich sitze!

Falt. Seh'n Sie — nachdem ich das Testament gelesen, hatte ich Mitleid mit Ihnen — ich hatte Sie ja, als ich in Angelegenheit Ihres Onkels einige Male nach Wien reisen mußte, kennen gelernt — dachte — der junge Mann mag wohl etwas leichtsinnig sein, aber die Strafe ist denn doch zu hart; da sann ich denn nach und da fiel mir so ein Mittelweg ein!

Vict. Ein Mittelweg? — Die Mittelstraße soll ja stets die goldene sein — sprechen Sie!

Falt. Der Jäger hat ja, so wie ich hörte, eine Tochter —

Vict. Ja, ja, ein reizendes Mädchen —

Falt. (mit seinem Stuhle zu dem Victors näher rückend). Nun sehen Sie — diese Leute erfahren ihr Glück erst dann, wenn ich das Testament dem Gerichte übergeben haben werde.

Vict. (errathend). Und so lange könnte ich als der reiche Erbe gelten —

Falt. Und als solcher um die Gunst und das Herz des Mädchens werben — die Hochzeit so sehr als möglich beschleunigen —

Vict. Und erst, wenn ich bereits mit ihr vermält wäre —

Falt. Erst dann übergäbe ich das Testament dem Gerichte — ich könnte ja vorschützen, daß eine Krankheit meine Herreise verzögert habe — — Sie sind dann

bereits Schwiegersohn, und als solcher ein Mitgenosse des Vermögens —
Vict. Das hiemit doch ganz in meine Hände kommt. (Aufstehend.) Doctor! Doctor! Der Plan ist colossal! Pyramidal! Ja, ja — das Mädchen wird geheiratet — auf jeden Fall! Ich kann ihr nicht helfen! wird geheiratet! heute noch muß die Sache geordnet, morgen schon soll die Hochzeit sein!
Falt. So, so! so schnell wollen Sie das Herz des Mädchens erobern?
Vict. Das Herz? ich brauche nur ihre Hand!
Falt. Ueberstürzen Sie die Sache nicht, denn sind Sie einmal abgewiesen, dann weiß ich kein anderes Mittel.
Vict. Abgewiesen? Ich? — der für einen Millionär gilt, von solchen Leuten!
Falt. Junge Mädchen legen oft weniger Gewicht auf den Reichthum —
Vict. Aber destomehr die Eltern, und diese werden sie zu zwingen wissen —
Falt. Ihr Kind zwingen, bloß ihres eigenen Vortheils wegen? Nach dem, was Ihrem Onkel über diese Leute berichtet wurde, ist dieß nicht zu erwarten.
Vict. Was über sie berichtet wurde! Ha, ha! sie wurden ihm so recht ideal geschildert — ich will Ihnen aber den Beweis liefern, daß gerade solche Leute durch die Aussicht auf Reichthum zu Allem zu bestimmen sind. Darum lassen Sie mich nur gewähren! In einer Stunde habe ich das Jawort! Sie sollen gleich sehen! (Klingelt.)

Dritte Scene.

Vorige. Jean.

Jean (tritt ein). Euer Gnaden!
Vict. Einer von Euch geht sogleich in's Jägerhaus, der Revierjäger und seine Frau — hört Ihr — und seine Frau sollen augenblicklich zu mir kommen!
Jean (will ab).
Vict. Warte! (Für sich.) Ja, ja, das wird wirken. (Laut.) Ihr führt sie sodann in den Saal mit dem Glasbalcon und sorgt dort für ein Frühstück!
Jean. Sehr wohl, Euer Gnaden! (Ab.)
Falt. Mich sollen die Leute vor der Hand nicht sehen! Auch bin ich sehr — sehr müde — die schlaflose Nacht will eingebracht sein, wenn Sie mir daher ein Gastzimmer anweisen wollten, so möcht' ich wohl ein Stündchen der Ruhe pflegen.
Vict. Sie wollen schlafen?
Falt. Ja, ja, ich sehne mich sehr darnach!
Vict. (dem man es anmerkt, daß ihn ein Gedanke durchzuckt, rasch). Mein eigenes Schlafzimmer steht Ihnen zu Gebote, gleich hier nebenan. (Auf eine Seitenthür weisend.) Wünschen Sie einen Diener?
Falt. Nein, nein, ich bin's gewohnt, mich selbst zu bedienen.
Vict. Sie finden jede Bequemlichkeit — und damit Sie ja nicht gestört werden, nehmen Sie hier den Schlüssel und sperren Sie von innen ab. (Gibt ihm einen Schlüssel.)
Falt. Ich danke Ihnen! Nun Glück auf! Glück auf! (Sich die Augen reibend.) Ah — der Schlaf — kaum kann ich mich mehr bemeistern! (Geht in die Seitenthür ab, man hört ihn von innen abschließen.)
Vict. (mit gedämpfter Stimme). O schliefe er doch ein, um nimmer zu erwachen! — Dieses Testament, das er bei sich trägt — (In Gedanken.) er sagte, es besteht nur dieß eine Exemplar — und — (sich selbst beruhigend) doch — es wird mir nicht schaden! Das hübsche Jägerkind zu heirathen ist eben kein Opfer! — Wenn's aber doch nicht zu Stande käme! (Preßt die Hand an die Stirne.) Hm! Hm! (Geht rasch, doch leise zur Seitenthür und will durch das Schlüsselloch sehen). Er hat den Schlüssel innen stecken lassen.
Jean (tritt wieder ein). Euer Gnaden!
Vict. (fast erschreckt in die Höhe fahrend). Was soll's?
Jean. Ein alter Jägerbursche, der bei-

nahe durch dreißig Jahre hier im Dienste steht, bittet vorgelassen zu werden.

Vict. (für sich). Durch dreißig Jahre hier bedienstet? Von dem könnt' ich einigen Aufschluß erhalten. (Laut.) Laß ihn eintreten.

Jean (öffnet dem Eintretenden die Thür, dann ab).

Vierte Scene.

Victor, Balzer.

Balz. (etwas mehr aufgeputzt, als im ersten Acte, den Hut unter dem Arme haltend, tritt mit aller ihm möglichen Grazie ein, und ist stets bemüht, den Mann des Salons zu spielen). Euer Gnaden! Ich bin so frei, meine Aufwartung zu machen!

Vict. Und was will Er?

Balz. Eine Stellung, welche meinen Talenten besser entspricht!

Vict. Welchen Dienst bekleidet er hier?

Balz. Gegenwärtig bin ich Instructor der vierfüßigen Jagdgehilfen. — Schmachvolle Gegenwart! aber ich habe eine Vergangenheit! habe bereits Salonbediente verrichtet, (stolz) war schon Büchsenspanner, bis mich die Cabale Mächtigerer von diesem Posten verdrängt hat! Aber meine Würde muß mir wieder werden, wenn es noch eine Gerechtigkeit auf der Welt gibt, und ich hoffe, Euer Gnaden werden der Mann dazu sein! Wäre mir leid, wenn ich mich in Ihnen getäuscht hätte!

Vict. Hm! es könnte Rath dazu werden! Ich brauche eben einen gewandten Burschen. —

Balz. Zu diesem Burschen bin ich ganz der Mann!

Vict. Bei wem hat Er früher gedient?

Balz. Im Hause des Herrn von Roggenheim —

Vict. Roggenheim? — Das war ja ein entfernter Verwandter meiner Mama!

Balz. Mama? Comment?

Vict. Sie wurde ja in seinem Hause erzogen. —

Balz. (immer mehr aufmerksam). Im Roggenheim'schen Haus? — Und wie lang ist sie in dem Haus geblieben? —

Vict. Bis zur Zeit, als sie sich vermälte. —

Balz. Vermält? Ihre Mama ist vermält? (Für sich.) Alles trifft zu! (Laut.) Mit wem — um Gottes willen, mit wem?

Vict. Nun mit meinem Papa, dem Herrn von Wallhaus.

Balz. Wall — (hält sich wankend an einem Stuhl — mit fast erstickter Stimme für sich). Sie ist es! Fassung! Fassung! (Laut.) Und lebt dieser Elende — wollt ich sagen — der Herr von Wallhaus noch?

Vict. Nein — der ist längst todt!

Balz. (aufathmend). Das ist ein Glück für ihn, (mit unterdrückter Wuth, für sich) sonst hätt' ich diesem Herrn von Wallhaus den Garaus machen müssen!

Vict. Aber was ist ihm denn?

Balz. (sich sammelnd). Nichts — Nichts! (Absichtlich oberflächlich.) Ich weiß nur von der Geschichte — es war vor ungefähr dreißig Jahren —. (Von einem Gedanken erfaßt, für sich.) Und jetzt ist sie Witwe — ist wieder frei — und Er (Victor ansehend) ist ihr Sohn! — (Wendet sich wieder gegen Victor, und sieht ihn, die Hände faltend, mit liebevollen Blicken an. Hingerissen.) Ich halte mich nicht länger! — an mein Herz! (Eilt auf ihn zu, und schließt ihn ungestüm in seine Arme.)

Vict. (sich losmachend). Laß er mich los! — Zum Teufel, was überkommt Ihn denn?

Balz. Gefühle — nie geahnte Gefühle! Ich — ich habe Ihre Mutter gekannt — Sie sind ihr Sohn — Sie sind ihr ganz aus dem Gesicht geschnitten, und wenn ich so ein Gesicht sehe — (Für sich.) ruhig! ruhig!

Vict. Hör' Er —

Balz. O nicht per: »Er« das thut zu weh — sagen Sie »Du« zu mir, nur »Du!« Ich will mir Alles von Ihnen gefallen lassen, denn ich liebe Sie, ich kann Ihnen gar nicht sagen, wie ich Sie liebe, seit ich weiß, wer Ihre Mutter ist!

Vict. Wenn dieß wahr ist, so könntest Du mir wohl von wesentlichem Nutzen sein!

Balz. (mit Zärtlichkeit). O sage! sprich!

Vict. Also komm' her, lieber Alter!

Balz. (entzückt). Er nennt mich seinen „lieben Alten!" (Für sich.) O wenn ich dieß wäre!

Vict. Sage mir — die Tochter des Revierjägers — sie ist ein schmuckes Mädchen — hast Du nichts bemerkt — hat sie vielleicht schon ein Liebesverhältniß?

Balz. Versteht sich! Ist ja sogar schon Braut.

Vict. (auffahrend). Braut?! Braut?! Das kann — das darf nicht sein!

Balz. (erstaunt). Ja, was haben denn Sie dagegen?

Vict. Alter! Dir kann ich mich ganz anvertrauen!

Balz. (gerührt). O ja — schütten Sie sich ganz in meinem Busen aus!

Vict. Ich — ich selbst will das Mädchen heiraten!

Balz. Was? Sie? der vornehme Herr wollen das arme Jägermädel? Das ist schön von Ihnen, daß Sie so herablassend sind, ich sehe (wieder weich) Sie gerathen ganz Ihrer Mutter nach! Die hatte auch gar keinen Stolz.

Vict. Und wer — wer ist mein Nebenbuhler?

Balz. Ein junger Schmiedgeselle.

Vict. (verächtlich). Ein Schmiedgeselle? (Für sich.) Doch, um so besser — je geringer er ist, um so leichter ist er zu verdrängen! (Von Balzer wegtretend, immer mehr seine Gedanken verfolgend.) Wenn's aber doch zu spät wäre — wenn man sich weigerte? — Zwar — was ich ihnen bieten will — aber (mit einem Blicke auf die Seitenthür) ein kluger Feldherr sichert sich für alle Fälle! (Nach einer Pause zu Balzer.) Alter! Du hast gehört, ich muß das Mädchen zur Frau bekommen — mein ganzes Lebensglück hängt davon ab. —

Balz. Na, wenn's so ist — sein Sie ruhig! (Weich.) Ich habe nichts dagegen.

Vict. Um aber sicher zum Ziele zu kommen, müssen außerordentliche Hebel in Bewegung gesetzt werden! Wenn ich wüßte, daß ich auf Dich zählen könnte —

Balz. (feurig). In allen Fällen! Ich geh' für Sie in's Feuer und in's Wasser! (Für sich.) Ich muß das thun — er ist ja ihr Sohn!

Vict. Es käme auf eine Probe an — bestehst Du dieselbe, so bist Du von dem Augenblicke an in meinen Diensten.

Balz. In Ihren Diensten? (Für sich.) Da werde ich auch sie wieder sehen. Um den Preis pack' ich den leibhaftigen Teufel bei den Hörnern! (Laut.) Sagen Sie, was soll ich thun?

Vict. Es gilt bloß einem meiner Bekannten (mit einem Blicke auf die Seitenthür) einen Schabernack zu spielen. — Doch hier sage ich Dir noch nicht, um was es sich handelt, geh' hinab — erwarte mich im Hofe, da, wo die kleine Wendeltreppe vom Park heraufführt — dort werb' ich Dir meine Instruction geben!

Balz. Gut — von jetzt an gehör' ich Ihnen mit Leib und Seel' — jetzt verlassen Sie sich nur auf mich — der Gram unerhörter Liebe soll nicht länger an Ihnen beißen! Ich bin da! Wünschen Sie Dirnenraub? Mit Vergnügen! Oder beliebt Ihnen Mord des Nebenbuhlers? avec plaisir. Nur befehlen! Jeder Ihrer Wünsche ist mir ein Ukas! (Eilt ab. — Victor entfernt sich durch eine andere Thür.)

Vict. (im Abgehen). Handle klug und weise, es erwartet Dich königlicher Lohn. (Ab.)

Fünfte Scene.

(Ein anderer Saal im Schlosse, dessen Rückwand beinahe ganz von der breiten auf den Balcon führenden Glasthür eingenommen ist, welche aber anfangs von einem Vorhange bedeckt ist. — Rechts und links Seitenthüren — auf einem kleinen Tischchen ist ein Frühstück aus

Thee, kalten Fleischspeisen und einigen Bouteillen Champagner gerichtet.)

Jean, Max, Caroline, dann Victor.

Jean (läßt Max und Caroline durch eine Seitenthür eintreten). So, wartet hier einen Augenblick — ich werde Euch sogleich melden. (Ab in die entgegengesetzte Seitenthür.)

Carol. Was nur der neue Gutsherr von uns wollen mag, und daß er mich auch dazu heraufbestellt?

Max. (den Kopf schüttelnd). Ich bin Dir seit gestern völlig abergläubisch geworden, daß er g'rad in dem Augenblicke bei uns eingetreten ist!

Carol. Still, ich höre kommen.

Vict. (tritt aus der Seitenthür.) Ah, da seid Ihr ja, meine guten Leute! Ihr (zu Max) glaubtet wohl, es betreffe eine dienstliche Angelegenheit? Dem ist nicht also — es war nur eine freundschaftliche Einladung — Ihr sollt' meine Gäste zum Frühstücke sein. —

Max. Frühstücken mit Euer Gnaden?

Carol. Das getrauen wir uns ja gar nicht.

Vict. Ihr macht mir dadurch ein Vergnügen! Ich habe Euch gleich bei unserem ersten Zusammentreffen lieb gewonnen — es gibt so ganz eigene sympathische Naturen — ich möchte mit Euch gerne auf einem recht — recht freundschaftlichen Fuße stehen — also macht keine Umstände. (Geht zu Carolinen und legt ihren Arm in den seinen.) Schönes Weibchen, erlaubt, daß ich Euch zum Tische führe.

Carol. (knirend). O ich bitte, das ist ja Alles zu viel Ehre!

Vict. (einen Platz am Tische bietend). Nehmt Platz!

Carol. Wenn Sie erlauben, bin ich so frei, damit ich den Schlaf nicht austrag'! (Setzt sich.)

Max. (geht auch zum Tische, für sich). Wo soll denn das hinaus? (Setzt sich.)

Vict. (nachdem er sich ebenfalls gesetzt). Nun langt zu! (Nimmt eine Bouteille, schenkt ein, dann sein Glas erhebend.) Vor allem — auf gutes Einvernehmen!

Max (stößt an). Um das hab' ich zu bitten. (Kostet.) Tausend, ist das ein Wein! Die Kälte — und doch das Feuer!

Vict. (schenkt sogleich wieder ein). Erst beim zweiten, dritten Glase erkennt man seine Güte recht — trinkt nur, wir haben Vorrath! (Für sich.) Wenn ich ihm nur einen kleinen Spitz anzechen könnte. (Schenkt ihm wieder ein.) Nun laß uns ein vertrauliches Wörtchen sprechen. Ich war gestern bei Euch — euer Haushalt ist etwas beschränkt — Ihr habt wohl hier ein dürftiges Einkommen?

Max. Ha! das Einkommen ist so, daß das Auskommen schwer ist.

Vic. Darum war ich darauf bedacht, euere Lage zu verbessern.

Max (freudig). Was? Euer Gnaden, vielleicht gar eine Försterstelle?

Vict. Ich will mehr — weit mehr für Euch thun.

Max.
Carol. } Mehr? noch mehr?

Vict. Aber es ist schwül hier im Saale — ich weiß auch gar nicht warum die Vorhänge geschlossen sind?

Max (aufstehend). Wenn Euer Gnaden befehlen —

Vict. Ja, ja, seid so freundlich!

Max (geht zu der Glasthür im Hintergrunde, und zieht den Vorhang auf. Es bietet sich eine reizende Aussicht in ein weites, zu beiden Seiten vom Gebirgswalde begrenzte Thal, durch welches sich ein kleiner Fluß zieht, an dessen Ufern zerstreute Bauernhöfe, Mühlen u. s. w. gesehen werden. Das Morgenlicht gibt der ganzen Gegend eine bezaubernde Färbung. Er tritt, von dem Anblicke mächtig ergriffen, einen Schritt zurück). Ha! wie prächtig! Wie wundervoll!

Carol. (steht ebenfalls auf, und wendet sich gegen den Hintergrund, in gleichem Maße erstaunt und ergriffen). Gott! die schöne Aussicht! Und wie schön, wie lieb sich Alles g'rad von diesem Punct ausnimmt!

Vict. (ist ebenfalls aufgestanden). Und Alles — so weit das Auge reicht —

Max. Ich weiß es — das Alles gehört zu diesem Gute!
Carol. Wie glücklich, wenn man sagen kann: Das Alles gehört mein! Da hat man ja schon ein Stück Welt!
Vict. Und wenn nun ich sagte: Dieses Schloß und Alles — Alles was Ihr hier erblickt — soll euer Eigenthum sein?
Max (mit freudigem Schreck zurücktretend). Was? mein? — mein?
Carol. Unser? — o mein Gott!
Max. Die Waldung —
Carol. Und das Schloß?
Max. Die Meierhöf' — die Gewerke —
Vict. Euer — alles Euer!
Max. Aber mein Himmel! wie wäre denn das möglich?
Vict. Pah! Dieß Gut beträgt kaum den zwanzigsten Theil von dem, was mein Onkel mir hinterließ — wenn es mir nun aber ein Vergnügen machte, Euch damit zu beschenken?
Max. Ich weiß gar nicht, wie mir geschieht! Aber nein — nein — Euer Gnaden machen uns da die Zähne lang, und es ist — es kann ja nichts Anderes sein, als ein gnädiger Spaß!
Vict. Vollkommener Ernst, mein Ehrenwort darauf!
Max. Ihr Ehrenwort?
Carol. Ja, da sollt' man's ja richtig glauben!
Max (zweifelnd). Aber so ganz ohne Ursache verschenkt man doch so was nicht — Sie werden dagegen etwas von mir verlangen.
Vict. Nun ja — allerdings!
Max. Und das wäre?
Vict. Ihr sollt es sogleich vernehmen — aber setzen wir uns nieder. (Geht mit Beiden wieder zum Tische zurück. sie setzen sich. er schenkt auf's Neue wieder ein.) Noch ein Glas, ich bitt' Euch —
Max. Ja, ja, was Sie wollen! (Trinkt.) Aber reden Sie — kommen Sie zu Ende, denn ich fange schon an ganz wirblich zu werden!

Vict. Ihr habt eine Tochter —
Max (erschreckt — das Glas auf den Tisch stellend). Meine Tochter?!
Vict. Ein wunderholdes, liebreizendes Kind!
Max. Euer Gnaden! reden Sie nicht weiter! Es gibt Sachen, an die ich nicht einmal denken darf.
Vict. Nun, ich glaube, wenn ein Mädchen in dem Alter eurer Tochter ist, so ist es doch die Pflicht des Vaters, daran zu denken, sie zu verheiraten!
Max. Ver — heiraten?! Und davon reden Sie?
Vict. Ja, ja — das Mädchen hat mir's angethan. — Ich fühl's, ich kann nicht leben ohne sie. Mein Entschluß steht fest, und darum frage ich Euch ehrlich und offen: Wollt Ihr mir eure Tochter zur Frau geben?
Carol. Was? Euer Gnaden? Sie? — Sie wollten unser Tinchen?! (Zu Max.) Mann! — die Ehre — das Glück! —
Max (immer mehr verwirrt). Laß' mich — laß' mich! ich weiß meiner Seel' nicht, wo mir der Kopf steht! Der Antrag — eine solche Heirat.
Carol. (zu Max). Denk' Dir nur, unser Tinchen eine gnädige Frau!
Vict. (zu Carolinen). Dieß würden auch Sie als Besitzerin dieses Gutes.
Carol. O mein Gott! Ich eine Gutsbesitzerin!
Vict. Dazu bedarfs nur Eines Wortes. (Zu Max.) Sagt »Ja« und noch in dieser Stunde soll der Vertrag aufgesetzt sein!
Carol. (zu Max). Aber Max! ich bitte Dich — so rede doch!
Max. Ich kann nicht! — jetzt nicht! Mir ist's, als ob alle meine Gedanken durcheinander wirbelten, wie aufgescheuchte Fledermäuse! Laßt mich nur zur Ruhe — zur Besinnung kommen! (Geht beinahe wankend zu seinem Stuhle, sinkt auf denselben nieder, und birgt sein Gesicht in die auf den Tisch gestemmten Hände.)
Vict. Nun, so lasse ich Euch jetzt allein

— überlegt Alles — ich will auch euere Tochter zu Euch führen lassen. Aber nur um Eins bitt' ich Euch, verlaßt das Schloß nicht früher, ehe Ihr mir Bescheid gegeben — versprecht Ihr mir dieß?

Mar. Ja, ja, aber lassen Sie mich nur!

Vict. Nun so gehe ich! — (Führt Carolinen etwas weiter von Mor weg, und küßt ihre Hand.)

Carol. (knieend). O ich bitte, Euer Gnaden —

Vict. (leise). Auf Ihre Fürsprache darf ich doch zählen?

Carol. (leise). Ja, ja, ich werd' ihm schon zureden.

Vict. Dann bin ich meines Glückes gewiß, denn wer könnte Ihnen widersprechen! — Also (wiederholt ihre Hand küssend), theure Schwiegermutter, auf frohes Wiedersehen! (Für sich im Abgehen.) Ich habe die Frau zur Bundesgenossin — ich bin am Ziele! (Ab. an der Thür noch Carolinen grüßend zuwinkend.)

Carol. Ist das ein lieber Mensch! (Geht zu Mar, und legt ihre Hand auf seine Schulter.) Mar, jetzt sind wir allein!

Mar (aus seinen Gedanken aufwachend). Ist er fort? (Steht auf.)

Carol. Ja — er hat gesagt, wir sollen ihn rufen lassen, wenn wir einig sind.

Mar (geht unruhig auf und nieder, leert abermals ein Glas, tritt dann an den Balcon). Mein! Alles mein! Ich kann's gar nicht denken, daß das möglich ist.

Carol. Du darfst ja nur wollen, —

Mar. Ob ich wollte!? Schau, der Wald war immer mein Alles, meine Welt — und doch hat er nicht mir gehört, wenn ich erst d'rin schalten und walten könnte als Herr — in meinem Eigenthum!

Carol. Und wenn wir, statt in unserer Hütte, in dem prächtigen Schloß wohnen könnten.

Mar. Und wenn ich Dir (sie an beiden Händen fassend), mein armes, liebes Weibchen, das mir ihr junges Leben gewidmet hat, und dem ich dafür nichts als Sorgen und Entbehrungen habe bieten können, jetzt ein Leben voll Lust und Freude schaffen könnte.

Carol. Also willst — willst Du?

Mar. Ich bin's Dir schuldig — ja — ja —!

Carol. (in höchster Freude an seine Brust fliegend). Mar! mein lieber — lieber Mar!

Tinchens Stimme (von unten herauf).
Ich weiß nicht, was ich mir
Jetzt wünschen noch sollt'
Geht b'Sonn auf am Himmel,
Ist b'Welt voller Gold!

Mar ⎱ (bei Tinchens Stimme fast vom
Carol. ⎰ Schreck erfaßt, die Umarmung lösend). Tinchen.

Carol. Sie kommt herauf — Berthold auch —

Mar. Auf die haben wir ganz vergessen! Zum ersten Mal, daß ich mich vor meinem eigenen Kind fürchte. (Steht fast regungslos.)

Carol. (rasch). Du mußt mit ihr reden — mit ihr allein — es ist ja ihr eigenes Glück — sie wird doch Vernunft annehmen! (Ihn am Arme rüttelnd.) Mar, ich bitte Dich, nimm Dich zusammen — Du bist ja ihr Vater!

Sechste Scene.

Vorige. Tinchen, Berthold.

Tinch. (kommt, Berthold an der Hand führend, in der heitersten Stimmung). Ihr habt mich rufen lassen?

Mar (verlegen). Bist Du schon da?

Carol. Es ist recht gut, daß Du gleich gekommen bist.

Tinch. Mich hat's heute ohnehin nicht gelitten im Hause.

Berth. (lachend). Und mich — mich hätte mein Meister beinahe aus der Werkstatt hinausgetrieben — ich hätte ihm heute Alles verdorben, da ging mein Tinchen vorüber.

Tinch. Und da sind wir miteinander den Waldweg da herauf! Ich weiß nicht, wie's kommt, aber heut ist mir die Welt auf einmal noch einmal so schön vorgekommen, als sonst.

Berth. Mir auch! Mir auch! Es ist ja zum ersten Mal, daß ich so offen und frei mit Dir gehen durfte — so Hand in Hand.

Tinch. (wieder Bertholds Hand fassend). Wie wir mit einander durch's Leben gehen wollen!

Berth. Ja, mir ist's heute so recht klar geworden, daß es kein Glück auf Erden gibt ohne Liebe. (Schmiegt Tinchen an seine Brust.) Sag' doch, möchtest Du denn heute mit einer Königin tauschen?

Tinch. Wenn Du nicht der König wärst, mein Lebtag nicht! (Schmiegt sich an ihn.)

Carol. (ernst). Tinchen! der Vater hat mit Dir zu reden.

Tinch. Mit mir? (Läßt Bertholds Hand los, sieht Mar an, befremdet.) Vater! — Du schaust so ernsthaft d'rein! Es ist doch nichts Unangenehmes?

Mar (kaum seiner Stimme mächtig). Nein — nein — im Gegentheil, ich glaub' es ist zu deinem Glück!

Tinch. Noch mehr Glück? Das ist ja nicht möglich!

Carol. Du wirst es schon hören! Aber (zu Bertholb) Du Berthold, sei so gut, und laß uns mit Tinchen allein!

Berth. (erschreckt). Was? Ich soll fort?! Um Gottes willen! was soll's denn?

Mar (sanft). Du wirst's schon auch erfahren, schick' nur deinen Meister, meinen Gevatter zu mir, aber jetzt geh', ich bitte Dich!

Berth. Na, ich gehe, weil Ihr's so haben wollt, aber (mehr für sich) ich weiß nicht, wie mir geschieht! mir is't's, als wenn sich die Sonne mit einem Male verdunkeln möchte. (Die Hände faltend.) Herr im Himmel! wehr' Du ein Unglück ab! (Geht immer ängstlich auf Tinchen blickend, ab.)

Tinch. Mir wird angst und bang! was ist's denn? Vater! red' doch!

Mar. Ja, ich will — ich muß mit Dir reden, Tinchen! Du bist mein liebes Kind

— eine gute Tochter! Du hast mich, hast die Mutter lieb?

Tinch. Kannst Du noch fragen?

Mar. Du weißt, daß bis jetzt mein Leben nichts war, als eine fortwährende Plage —

Tinch. Ja wohl, das weiß ich —

Mar. Und mein Weib hat auch noch wenig gute Tage genossen. Wie Du noch klein warst, hat sie bei Tag arbeiten müssen, und bei Nacht ist sie oft schlaflos an deinem Bettchen gesessen!

Tinch. Ich weiß es — mein gutes Mütterchen! (Fällt auf Caroline zu und drückt deren Hand an ihre Brust.)

Mar. Und ich — Gott ist mein Zeuge! ich könnte mir für Dich die Adern aufreißen lassen.

Tinch. Aber warum sagst Du mir denn das Alles jetzt?

Mar. Weil ich Dich fragen muß: wärst Du auch im Stande, so viel für uns zu thun?

Tinch. Aber Vater, kannst Du denn noch zweifeln? Ich wäre ja glücklich, wenn ich Euch vergelten könnte —

Carol. Ja? ja? ist das dein Ernst?

Tinch. So sagt mir, was kann ich denn thun?

Mar (lebhafter). Du kannst mir ein sorgenloses Alter verschaffen — kannst mich und deine Mutter zu den glücklichsten Menschen machen.

Carol. (rasch). Und Du selber sollst auch glücklich sein —

Mar. Aber es kommt nur auf Eins an — (stockt).

Tinch. Und das Eine ist?

Mar (blickt verlegen zur Erde). —

Tinch. Du willst es nicht sagen? — was ist's denn? Sag' mir's, ich bitte Dich!

Mar. Du mußt den Berthold aufgeben!

Tinch. (stößt einen Schrei aus, und taumelt, beide Hände an die Brust drückend, zurück.)

Mar (sie rasch in seinen Armen auffangend). Tinchen, Tinchen! Um Gottes willen, fasse Dich!

Siebente Scene.

Vorige. Jacob.

Jac. (tritt unbemerkt durch die Seitenthür ein, für sich). Was geschieht denn da? (Bleibt mehr im Hintergrund stehen.)

Mar (zu Tinchen, die sich indeß wieder erholt hat). Na, na, mein Töchterchen! Komm' nur wieder zu Dir — laß nur weiter mit Dir reden!

Tinch. (faltet bittend die Hände, mit vor Thränen beinahe erstickter Stimme). Vater!

Carol. (zu Tinchen). Du hast noch nicht Alles gehört, weißt noch nicht, was Dir für ein Glück bevorsteht —

Tinch. Ohne meinen Berthold!? (Schüttelt das Haupt.)

Jac. (für sich überrascht). Was hör' ich da? Ohne Berthold? — Ah, da red' ich auch ein Wörtchen!

Carol. Denk' Dir nur, der junge gnädige Herr, der mehr als eine Million geerbt hat, ist in Dich verliebt, hat um Dich angehalten!

Jac. (für sich). Jetzt muß ich mich anhalten! (Hält sich am Schlosse der Glasthür an.)

Mar (zu Tinchen). Er will mit Dir sein ganzes Vermögen theilen, und mir will er das Schloß und das ganze Gut schenken, wenn ich meine Zustimmung gebe.

Tinch. (bebend). Und Du — Vater! Sag' — was willst Du thun?

Mar. Was ich wollte, kannst Du Dir leicht denken: der junge Herr hat mich g'rab daher in den Saal bestellt, von dem man den schönsten Ueberblick über die ganze Besitzung hat, schau einmal selber hin! (Will Tinchen gegen den Hintergrund wenden.)

Jac. (hat indeß die Schnur des Vorhanges erfaßt, und läßt diesen jetzt rasch herabfallen, so daß das Fenster wieder gedeckt ist).

Mar (überrascht). Was ist — (erblickt Jacob, verlegen) der Gevatter!

Carol. (ebenfalls unangenehm überrascht). Der Gevatter!

Mar (zu Jacob). Was machst denn Du da? — Warum denn die Vorhänge heruntergelassen?

Jac. (vortretend). Wenn ein Pferd leichtscheu wird und dann Seitensprünge machen will, so muß man ihm ein Pleude vor die Augen legen!

Mar. Wovon redest Du denn?

Jac. Von dem, was ich g'rab gehört hab'! Von Einem, den der Anblick dieser Besitzung auch zu Seitensprüngen verleitet! — Mar, Mar! — Um ein Gut zu haben — willst Du selber schlecht sein!?

Mar (beleidigt). Gevatter!

Jac. (leiser zu Mar). Du hast Recht ich soll Dir so etwas nicht vor Deiner Tochter sagen — schick' sie fort, damit ich ordentlich grob mit Dir sein kann.

Carol. Aber sagen Sie mir nur, was wollen Sie denn?

Jac. Das werden Sie gleich hören! Vor Allem aber (zu Tinchen) Jungfer Tinchen, gehen Sie hinunter, vor dem Schloßthor steht Berthold und läßt die Ohren hängen wie ein melancholisches Comfortable-Pferd, dem man den Futtersack wieder abgenommen hat, und ein Passagier fahren will. Gehen Sie zu ihm, und sagen Sie ihm nichts, als daß ich da bin — und daß ich mich auf den Bock setze — und das weiß er schon — da gibt's kein Umwerfen! — Aber gehen Sie nur, gehen Sie, sonst reißt er sich derweil aus Verzweiflung alle Haar aus, und Sie kriegen nachher einen glatzköpfigen Mann.

Tinch. Ja, ja — ich gehe! Ich bin froh, daß ich fort darf. — (Jacobs Hand fassend, leise.) Herr Gevatter, seien Sie unser Schutzengel! (Eilt ab.)

Jac. (für sich). Na, wir werden's vor der Hand probiren, wie's mit dem Teufelaustreiben geht! (Tritt zwischen Beide, welche etwas verlegen dastehen, besieht Beide, dann:) Na — Ihr habt mich ja holen lassen, wo fehlt's denn? (Will nach Carolinens Puls greifen.)

Carol. (ihre Hand zurückziehend, etwas gereizt). Wir hätten Sie erst später gebraucht, wir hätten vorher noch zu reden gehabt mit unserer Tochter!

Jac. (zu Caroline.) Mit Ihrer Tochter? (Sanft.) Sehen Sie, heute zum ersten Mal ist mir der Unterschied zwischen einer rechten und einer Stiefmutter aufgefallen!

Carol. Na, ich glaub', wie ich immer an Linchen gehandelt habe —

Jac. Das ist's ja, sonst haben Sie an ihr gehandelt, und nur mütterlich — heut aber wollen Sie mit ihr handeln — und das ist Stief — sehr Stief —

Carol. Ich hab' immer nur für ihr Wohl gesorgt. Wie sie noch klein war —

Jac. Da haben Sie sie gepflegt und gefüttert und gesorgt, daß sie hübsch heranwächst — und jetzt, wo sie sich so recht mollig und appetitlich zusammengewachsen hat, jetzt tragen Sie sie auf den Markt — dazu braucht man keine Mutter zu sein, das thut jede Gänsehändlerin mit ihren Zöglingen auch!

Carol. Na, gut, ich will gar nichts b'reinreden, da (auf Max weisend) steht ihr rechter Vater!

Jac. (für sich) Dem werden wir eine etwas stärkere Dosis geben! (Laut.) Ja, da steht der Vater, und da (auf sich selbst weisend) steht der Gevatter! Und ich weiß, was ein Gevatter sein soll, wenn er ein echter Gevatter sein will. Ich gehöre nicht zu den Gevattern, die glauben, es wäre schon damit gethan, daß sie ihre Namen in's Taufbuch einschreiben, und dem Kind ein silbernes Eßbesteck als Pathengeschenk geben — ich weiß, daß es die Pflicht eines Gevatters ist, d'rauf zu schauen, daß sein Taufpathe im rechten Glauben erzogen wird —

Max. Na, thu' ich das nicht?

Jac. Du? Du bist selber ein Irrlehrer! Der rechte Glaube eines Mädchens ist der, daß es dem Manne treu bleibt, dem es einmal Treue geschworen hat; Du aber willst es überreden, daß es sich dem hingibt, der mehr hergibt! — Du willst barin unterrichten, wie man mit seinem Herzen Schacher treibt, wie man die unsichtbare Gottheit, die Liebe, verläugnet, und vor einem metallenen Götzen niederkniet, — Du willst die eigene Tochter zu einer Goldenenkalbanbeterin machen, Du Baals-Knecht, Du Belias-Bonze! Du — Du, aber nein! Ich sage gar nimmer Du zu Dir! Komm her, da steht noch Wein, trinken wir miteinander auf „Herr von!"...

Max. Jacob! Verachte mich nur nicht gleich. Wenn Du an meiner Stelle wärst, so ein armer Teufel, wie ich, der sein Weib gern für all' ihre Lieb' und all' ihre Opfer belohnen möchte —

Jac. Glaubst Du — Du belohnst dein Weib auf diese Art? (Zu Carolinen, wieder sanfter.) Sehen Sie, Frau Gevatterin! Ich bin überzeugt, daß Sie die Sache nur noch nicht im rechten Licht betrachtet haben, sonst könnten Sie unmöglich darin einen Lohn finden, daß Sie Ihren Mann als einen Menschen kennen lernen (wieder sich zu Max wendend, barsch) dem an seiner Ehre nichts gelegen ist!

Max (verletzt). An meiner Ehre? Jacob!

Jac. Ja, deine Ehre steht auf dem Sprung! Du hast gestern dem Berthold dein Wort gegeben, im Wort des Mannes liegt die Ehre des Mannes! Wer sein Wort bricht, der wird zum Profoßen an sich selbst, und cassirt sich selber infam!

Max (senkt getroffen und nachdenkend das Haupt).

Jac. (für sich). Mir scheint, das Pflaster hat gezogen.

Carol. Mein Gott! Deßwegen, daß wir gestern zugestimmt haben, da haben wir noch nicht gewußt, was wir heute wissen!

Jac. Aha! Gestern haben Sie das Geschäft geschlossen, weil aber heute die Actien anders stehen, so wollen Sie nichts mehr davon wissen. (Sanfter.) Frau Gevatterin! Ich will doch nicht hoffen, daß Sie Ihre Lebensklugheit von einem ausgebliebenen Börsianer gelernt haben?

Carol. (ungeduldig werdend). Ich weiß

nicht, wie Sie verlangen können, daß in unser'm Haus Alles g'rad nach Ihrem Kopf geht? — Sie thun ja g'rad, als wenn wir in der Angelegenheit die letzten Menschen wären.

Jac. Im Gegentheil — Ihr kommt mir alle Zwei vor, als ob Ihr die ersten Menschen wäret! Der da (auf Max weisend) ist der Adam, und Sie — nehmen Sie mir's nicht übel — haben eine frappante Aehnlichkeit mit der Urahnfrau des Menschengeschlechtes in der Situation, wie sie ihrem Mann zureb't, in den paradiesischen Maschanzger zu beißen! (Zu Max.) Beiß nur d'rein! Beiß nur d'rein — aber es wird eine Zeit kommen, wo Du Dich, ganz à la Adam, vor Dir selber schämen wirst, und kein Feigenbaum der Welt wird so große Blätter haben, um deine moralischen Blößen zuzudecken!

Carol. (blickt gegen die Seitenthür, aufhorchend). Ich höre reden. (Aengstlich zu Max eilend.) Der junge Herr kommt!

Max (aus seinen Gedanken aufwachend). Er wird meine Antwort haben wollen, und ich —

Carol. (bittend). Begehr noch eine Bedenkzeit!

Jac. Nichts da Bedenkzeit! Jetzt ist das Schmalz heiß, jetzt muß der Krapfen ausgebacken werden! Jetzt ist die Krisis, jetzt muß ich die Wirkung von meinen Medicamenten sehen! — Max! Daß Du mit deinen Grundsätzen ein bischen wacklich geworden bist, das ist begreiflich — die Versuchung war stark, man kann auch von einer Hoffnung einen Rausch kriegen, und da bist Du schwach auf den Füßen geworden — aber jetzt hab' ich Dir die Sehnen eingerieben mit dem Spiritus der Wahrheit, ich habe Dir die Eisen festgenagelt und geschärft — jetzt will ich sehen, wie Du auftreten kannst. — Wenn Du jetzt noch stolperst, dann geb' ich Dich auf — dann bleibst Du struppirt für dein Leben.

Achte Scene.

Vorige. Victor, dann Falter.

Vict. (im Herauskommen für sich). Gott sei Dank! Nun kann ich dem Ausspruche ruhiger entgegensehen! (Laut zu Max.) Nun also — seid Ihr zu einem Entschlusse gekommen? —

Max (noch immer wankend und verlegen). Gnädiger Herr! — Ihr Antrag —

Vict. Nur nicht viele Worte! — "Ja oder Nein!" Bedenkt aber, daß von einem dieser Worte nicht nur mein, sondern auch Euer und der Eurigen Wohl oder Wehe abhängt, und daß Ihr dafür verantwortlich seid! Also sprecht!

Falt. (erscheint lauschend an der Seitenthür).

Carol. (leise zu Max). Max, von einem Wort hängt Alles ab!

Vict. Was soll das Zaudern? Rasch! Eure Antwort lautet?

Max (einen Entschluß fassend tritt zuerst zu Jacob, drückt ihm die Hand, wendet sich dann zu Victor, mit lauter, fester Stimme). Meine Antwort heißt: "Nein!"

Zugleich { Carol. (mit dem Ausdruck tiefen Schmerzens). O mein Gott!
Vict. (unangenehm überrascht). Nein?!
Jac. (macht einen Mundsprung). Juhe! Die Cur ist mir lieber als ein Doctordiplom!

Vict. (Max mit durchbohrendem Blicke ansehend). Also "nein"?! — Bleibt Ihr bei dieser Antwort?

Max. Es bleibt dabei! — Euer Gnaden! Sie haben mir einen so glänzenden Antrag gemacht, daß meine Augen über den Glanz fast den Staar bekommen hätten, aber (wieder Jacobs Hand fassend) ich habe einen Arzt zum Freund, der mir noch zur rechten Zeit ein heilsames Augenwasser gegeben hat.

Vict. (Jacob ansehend). Dieß — ein Arzt?

Jac. Eigentlich nur ein Thierarzt — wenn mich Euer Gnaden vielleicht brauchen —

Mar. Meine Tochter ist bereits Braut, Braut nach ihrer Herzenswahl, und nur von solchen Ehen kann man sagen, daß sie im Himmel geschlossen werden!

Jac. Ja, das ist der einzige Fall, wo der Himmel auch einem Teufel offen steht — nämlich einem armen Teufel, der's mit seiner Lieb' ehrlich meint!

Vict. Also aus — definitiv aus!

Jac. Ja — die Garantiepuncte sind verworfen — Schluß der Conferenzen!

Vict. Nun wohl! Ich habe mich Euch als Freund genähert — Ihr weist mich zurück, und wir stehen einander nur mehr als Herr und Diener gegenüber, — es ist die Frage, wie Ihr Euch nach dem eben Vorgefallenen in dieser Stellung fühlen werdet!

Mar. Euer Gnaden! Ich hoffe nicht, daß Sie es dem Diener entgelten lassen werden, daß der Vater Ihre Wünsche nicht hat erfüllen können — ich hoffe das nicht, denn wär's so — dann würde ich erst recht einsehen, daß ich so hab' entscheiden müssen! Ich hab' die Ehre, mich gehorsamst zu empfehlen! Komm! (Will fort.)

Falt. (tritt vor). Halt! halt, lieber Freund!

Mar (stehen bleibend). Was soll's noch?

Falt. Fürchtet nicht, daß euere Stellung eine drückende werde — ich habe ein Mittel, sie Euch zu erleichtern. — Ja, braver Mann — Ihr sollt wissen — (langt nach seiner Brusttasche — sucht ängstlich — erschreckt.) O mein Gott!

Vict. (steht ganz ruhig, mit seiner Lorgnette spielend).

Mar. Was ist Ihnen denn, alter Herr?

Falt. Nichts — nichts! — (Zu Victor, ihn am Arme fassend, leise.) Herr von Wallhaus?

Vict. Was beliebt?

Falt. Das Testament —

Vict. Nun?

Falt. Ich trug es stets hier — in meiner Brusttasche — habe den Rock, während ich ausruhte, nicht abgelegt — und nun vermiß ich es. —

Vict. Vielleicht haben Sie es doch herausgestreut —

Falt. Ich war nirgends, als in Ihrem Zimmer — vielleicht daß dort — ich eile, nachzusehen. — (Zu Mar.) Lebt wohl — geht nur, geht! (Will ab.)

Jac. (ihm nachsehend). Was uns aber der Interessantes gesagt hat! —

Vict. (zu Mar). Ihr habt gehört, Ihr könnt gehen!

Jac. Ja — gehen wir! — (Zu Mar). Die Kinder warten unten!

Mar (neu belebt). Mein Tinchen! Und wenn ich Der jetzt sage, daß sie nichts zu fürchten hat, daß Alles beim Alten bleibt —

Jac. Dann darfst Du nur in ihre Augen schauen, und Du hast eine schönere Aussicht, als wenn Du von da heroben die halbe Welt übersehen könntest. — Komm! — komm! (Zu Carolinen.) Frau Gevatterin! geben Sie mir Ihren Arm!

Carol. (etwas trotzig). Ich danke Ihnen! (Sich traurig im Saale umhersehend.) So gehen wir wieder hinunter (seufzend) in unser niederes Haus! (Geht mit gesenktem Haupte ab.)

Mar (folgt ihr).

Jac. (zu Mar im Abgehen). Du bist vollkommen hergestellt. — Dein Weib braucht aber noch eine kleine Nachcur. — Ja die Weiber! (Ab mit Mar.)

Neunte Scene.

Victor, Falter.

Falt. (kommt bestürzt zurück). Nichts zu finden.

Vict. (sich erstaunend stellend). Das ist ja ganz merkwürdig.

Falt. Ich kam doch nicht aus Ihrem Schlafzimmer.

Vict. Sie hatten es auch selbst von innen abgeschlossen und verriegelt.

Falt. Und dennoch — verschwunden! Mein Gott, eine so wichtige Urkunde —

und verloren! Ich weiß nicht, was ich beginnen — wie ich mich rechtfertigen soll — ich könnte wahnsinnig werden!

Vict. Warum? was ist's denn weiter? Es weiß ja Niemand, als ich und Sie um diese Schrift — ist sie verschwunden, so ist's so viel, als ob sie gar nie existirt hätte, das Testament, welches ich besitze, bleibt in seiner vollen Giltigkeit, und —

Falt. Nein, nein, man muß sogleich dem Gerichte die Anzeige machen, es muß hier an Ort und Stelle eine Untersuchung eingeleitet werden.

Vict. Und wenn nun, trotz der Untersuchung, das Document nicht aufgefunden würde? —

Falt. Dann genügt die eidlich erhärtete Aussage zweier Zeugen, welche dieselbe gesehen und gelesen haben. —

Vict. Und diese zwei Zeugen sind? —

Falt. Der Eine bin ich selbst, der zweite — Sie!

Vict. Ich? (In unbändiges Gelächter ausbrechend.) Hahaha! hahaha! Ich sollte eine gerichtliche Erklärung, ja sogar einen Eid leisten, nur — um zwei Millionen zu verlieren! — Hahaha! Gibt es in London keine Irrenhäuser, oder ist Ihr Wahnsinn erst auf der Herreise ausgebrochen?

Falt. Aber haben Sie das Testament nicht gesehen?

Vict. Hm! ja — Sie zeigten mir so etwas!

Falt. Haben Sie nicht die Handschrift Ihres Onkels erkannt?

Vict. Nein! Im Gegentheile — der erste Blick genügte, um eine ziemlich ungeschickte Nachahmung zu erkennen!

Falt. (entrüstet). Herr! so sprechen Sie jetzt?

Vict. Ich spreche jetzt so, wie ich vor dem Gerichte sprechen würde — wenn Sie so tactlos wären, es herbeizurufen! — Sie haben gehört, daß der Ausweg, welchen Sie mir anriethen, fehlschlug, — es handelt sich jetzt um meine ganze Existenz; um diese zu sichern, würde ich Sie opfern — Sie — als Betrüger bezeichnen!

Falt. Mich — als Betrüger?!

Vict. Ja — Ja! Das kann — das werde ich! Wenn Sie ein ehrlicher Mann sind, was hatten Sie überhaupt bei mir zu thun? Warum erfüllten Sie nicht den Auftrag, den Ihnen der Verstorbene gegeben haben soll — das Testament sogleich bei Gerichte zu deponiren?

Falt. Aber ich handelte ja nur so, aus Mitleid mit Ihnen.

Vict. Mitleid? Beweisen Sie dies dem Gerichte! Was denken Sie, wird man Ihnen glauben, oder mir, wenn ich sage, daß Sie, nur von mir Geld zu erpressen, mich mit einem falschen Testamente schrecken wollten, das Sie nun wahrscheinlich selbst verschwinden ließen, damit bei näherer Untersuchung nicht Ihre verbrecherische Absicht entdeckt werde?

Falt. (steht vernichtet). Entsetzlich! welch' ein Abgrund öffnet da sich vor mir! — Wenn Sie so handeln könnten —

Vict. Ich werde es — das schwör' ich Ihnen!

Falt. Herr! Sie sind —

Vict. (falt). Ein vernünftiger Mann, der den ungeheuren Vortheil, den ein gütiger Zufall in seine Hände gibt, sich nicht so leicht entwinden läßt. Wollen auch Sie Ihren Vortheil wahren, so seien Sie ebenfalls vernünftig!

Falt. Und was nennen Sie — vernünftig sein?

Vict. Schweigen! Schweigen ist der Gott der Weisen.

Falt. (finster vor sich starrend). Und das Bundessiegel der Verbrecher!

Vict. Lassen Sie uns deßhalb friedlich sprechen! — Ich will annehmen, daß Sie, aus Rücksicht für mich, indem Sie das Unrecht, welches mein Oheim an mir verübt, gut machen wollten, oder um Ihrer selbst willen, indem Sie auf meine Dankbarkeit zählten — selbst das Testament vernichtet hätten —

Falt. Wie? — Ich selbst?!
Vict. (ihn rasch unterbrechend). Ich will dieß annehmen und (ihn am Arme fassend, nachdem er sich sorgfältig umgesehen, leiser, aber eindringlich) Sie königlich dafür belohnen — Sie sollen eine Stellung bei mir erhalten, mit einem Gehalt von jährlichen fünftausend Gulden.
Falt. Fünftausend Gulden? Und was hätt' ich dafür zu thun?
Vict. Zu schweigen — nichts, als zu schweigen.
Falt. Und die armen Jägersleute? —
Vict. (rasch). Sollen von mir auf eine Art entschädigt werden, die ihrem wahren Glücke förderlicher ist, als der unermeßliche Reichthum, der sie ihrer gewohnten bescheidenen Stellung, in der sie so glücklich sind, entrissen, und vielleicht nur unglücklich gemacht hätte. — Denken Sie doch — solche Schätze in Händen solcher Leute, die sie nicht einmal verwenden könnten, während ich — —
Falt. (ihn mißtrauisch ansehend). Sie?! —
Vict. (immer dringender). O mißtrauen Sie mir nicht! — (Es ist wahr — ich habe bisher ein tolles Leben geführt — das ist das Privilegium der Jugend — aber lassen Sie mich nur im gesicherten Besitze des Vermögens sein, und ich will Alles gut machen, was ich verschuldet — Sie sollen sich selbst überzeugen, welch' weisen Gebrauch ich von meinem Reichthume machen, wie ich ihn nur zum Segen der Menschheit verwenden will. —
Falt. Dieß wäre Ihre Absicht — Ihr fester Vorsatz?
Vict. Ja — ja — ich schwöre es Ihnen! — Also nicht weiter mehr! Das Testament bleibt verschwunden — und Sie — Sie nehmen die Stellung in meinem Hause an und — schweigen!
Falt. Was kann ich denn anders, wo mein Sprechen doch nur mich verderben würde?! Nun — wohlan! Ich nehme die Stelle an — um in Ihrer Nähe zu bleiben, mich selbst zu überzeugen, wie Sie Ihren Schwur halten. (Mit aufgehobenen Händen bittend.) Erfüllen Sie ihn — ich beschwöre Sie — um Ihrer — nur meiner Seelenruhe willen! Aus Mitleid mit Ihnen bin ich einmal vom Wege meiner Pflicht gewichen, und nun bin ich, willenlos — zum Theilnehmer eines Verbrechens geworden! Herr! sühnen Sie diese Schuld — verwenden Sie die Erbschaft zum Segen der Menschheit, beweisen Sie mir, daß Ihr Oheim Ihnen Unrecht gethan, dann will ich mein Gewissen damit beruhigen, daß ich durch mein Schweigen nur dieses Unrecht gut mache! (Geht ab.)
Vict. (allein, sieht ihm nach). Er geht auf meinen Vorschlag ein — ich habe von ihm nichts mehr zu fürchten — von ihm nicht — aber — (zieht das Testament hervor) wenn ein unglücklicher Zufall diese Schrift — Nein, nein! — Nicht einen Augenblick mehr! (Geht rasch zu den beiden Seitenthüren, und schließt sie ab, nimmt dann die unter der Theekanne brennende Spiritußlampe und hält die Schrift darüber.) Werde zu Asche, so wie der, welcher mich durch Dich zu strafen wähnte, werde zu Asche, aus welcher ich als ein neuer Phönix hervorgehen soll! (Er läßt das brennende Papier auf den Boden fallen, und sieht in die auflodernde Flamme.)

(Der Vorhang fällt.)

Dritter Act.

(Schlafzimmer Victors auf dem Schlosse, mit dem Luxus der größten Weichlichkeit ausgestattet. Im Hintergrunde ein Bett mit schweren Damastvorhängen, welche herabgelassen sind — auf der andern Seite eine Toilette mit großem Ankleidespiegel — an den Wänden die Bilder der Leda, Daphne, Diana und andere mythologische Darstellungen — im Vordergrunde ein kleiner Schreibtisch — mitten im Zimmer ein elegantes Lit de repos mit Stufen auf dem Boden, vor demselben ist ein Tigerfell ausgebreitet, daneben ein kleines Tischchen mit Rauchrequisiten. Eine Mittelthür, seitwärts ein, ebenfalls mit reichen Draperien geschmücktes Fenster, durch welches der Sonnenstrahl hereinbringt.)

Erste Scene.
Victor. Falter.

Vict. (liegt in einem eleganten, buntfarbigen Schlafrocke, noch schlummernd, auf dem Lit de repos. Ein in der herabhängenden Hand liegender Cžibock scheint ihm eben aus dem Munde gegleitet zu sein).

Falt. (tritt durch die Mittelthür ein, geht vor, mit einem Blick auf Victor). Die Sonne steht schon fast im Mittag, und er schläft noch! (Tritt näher zu ihm.) Herr von Wallhaus!

Vict. (in die Höhe fahrend und sich die Augen reibend). Was ist — wer? (Falter erblickend.) Ah — Sie! Wollen Sie mich denn immer aus meinen Träumen reißen?

Falt. Am hellen Tag ist's Zeit zu handeln, nicht zu träumen. Aber freilich, wenn man die Nächte mit Schwelgereien zubringt, wie Sie's seit den acht Tagen, als Sie in den Besitz dieses Schlosses getreten, gehalten haben —

Vict. Sind Sie schon wieder gekommen, um mir eine Predigt zu halten?

Falt. Ich wollte Sie nur an das Versprechen erinnern, welches Sie mir gegeben.

Vict. O weh! Ich wette darauf, Sie haben wieder die Taschen voll von Bettlergesuchen!

Falt. Ja, die Gesuche häufen sich, weil Sie noch keines derselben erledigt haben.

Vict. Nun, ich will heute eine Ausnahme machen, will Ihre Wünsche erfüllen, wenn Sie dagegen bereitwillig sein wollen, auch meinen Wünschen nachzukommen.

Falt. Und diese sind?

Vict. Ich gebe heute ein großes Fest und brauche Jemanden, welcher das Arrangement übernimmt. Wollen Sie die Oberaufsicht übernehmen?

Falt. Gern — wenn Sie nur zuerst das Recht, sich zu erfreuen, dadurch erworben, daß Sie fremde Leiden gemildert haben. Hören Sie also! (Zieht mehrere Schriften hervor und will sich auf einen Stuhl neben Victor setzen.)

Zweite Scene.
Vorige. Ammer, Schwirr, Reckenberg (stürmen durch die Mitte herein).

Ammer. Bon jour, Victor!
Schwirr. } Guten Morgen!
Reckenb. } Guten Morgen!

Vict. Gott grüß' Euch! — Nun, wie steht's mit euren Vorarbeiten?

Falt. Aber Sie wollten ja — —

Vict. Sie anhören? — Nun, das geht ja unter Einem. (Zu Ammer.) Nun, wie steht's mit dem Orchester?

Ammer. Kommt vollzählig aus der Hauptstadt. Der Capellmeister fordert zwar, der weiten Entfernung wegen, fünfhundert Gulden für seine Leute —

Vict. Man muß sie ihm geben! Nur nicht schmutzig bei solchen Anlässen.

Falt. (eine Schrift hervorziehend). Hier wendet sich ein alter Zeichner, dem übermäßige Anstrengung das Augenlicht geraubt hat, an Ihre Großmuth —

Vict. Sehen Sie, das sind die Folgen, wenn man zu viel arbeitet. So was trifft mich nicht! Ha! ha! ha!

Falt. Sie lachen?!

Vict. Schicken Sie ihm zehn Gulden!

Falt. Nur zehn Gulden?

Vict. Für mich hat er nicht gearbeitet. (Zu Schwirr.) Apropos! Du hast's ja übernommen, einen Kochkünstler zu besorgen —

Schwirr. Ist geschehen, — Monsieur Troivos, der erste Koch des ersten Casino's, kommt in eigener Person und übernimmt die Herstellung des Soupers. Der Spaß kommt freilich auf tausend Gulden.

Vict. Der Koch ist ein Franzose, da fordert es die National-Ehre, daß man nicht mäkelt. — Bewilligt!

Falt. So freigebig? Nun, dann werden diese Leute (auf ein zweites Gesuch weisend) auch nicht vergebens bitten.

Vict. Sind es auch Köche?

Falt. Nein, es sind Halbverhungerte!

Vict. Fi donc!

Falt. Das Dorf drüben über dem Berg ist vor wenigen Tagen abgebrannt — die Leute sind all' ihrer Habe beraubt. — Was weisen Sie ihnen an?

Vict. Nicht viel, das sage ich gleich — (in doctrinärem Tone) denn eben dadurch, daß Abgebrannte oft so reichlich unterstützt werden, werden sie gleichgiltig gegen die Gefahr, nicht klug durch den Schaden, und die Unvorsichtigkeit nimmt überhand. Geben Sie ihnen zwei Thaler!

Falt. Zwei Thaler — nach einem solchen Unglücke?

Vict. (überdrüssig). Heulen Sie mir nicht die Ohren voll! Ich habe noch an Wichtigeres zu denken. Was haben Sie denn noch vorzubringen?

Falt. (auf ein anderes Gesuch weisend) Es soll hier im Orte eine Schule gegründet werden —

Vict. Eine Schule? — Da geb' ich nichts!

Falt. Was? — Nichts?

Vict. Aus Princip. Für's Erste soll der Bauer nicht mehr sein wollen, als eben ein Bauer. Wenn er weiß, wie er sein Feld bestellen muß, so weiß er genug. Für's Zweite wollen Sie ja selbst, daß ich mein Geld verwende, um die Menschen glücklich zu machen, man ist aber am glücklichsten, wenn man nichts lernt — das weiß ich aus eigener Erfahrung.

Ammer und die anderen **Freunde** (lachen mit ihm).

Falt. (mit Bitterkeit). Freilich, diese Bauern sind ja ohnehin nicht gar so roh; denn ich habe noch keinen gehört, der mit seinem Mangel an Wissen geprahlt hätte — und das — das ist die größte Rohheit! (Ab.)

Vict. Gut, daß er geht! Ich brauche seine ewige Moral nicht, ich will leben und genießen. Keine Freude soll mir ihren Born, kein Mädchen ihr Herz verschließen!

Ammer (welcher indeß an das Fenster getreten). Bis auf Eine, die ich eben dort mit ihrem Bräutigam aus dem Pfarrhause gehen sehe.

Vict. Wer ist's? (Geht ebenfalls zum Fenster.) Ha, Tinchen!

Ammer. 'S ist im Grunde schmählich! Die Tochter eines deiner Diener, und gibt Dir einen Korb!

Vict. Gilt's eine Wette, so sag' ich Euch, daß sie heute noch, und zwar allein, zu unserm Feste kommen soll.

Schwirr (zu Victor). Nun, wir nehmen Dich beim Wort! — Ewigen Spott, wenn Du dein Versprechen nicht erfüllst.

Ammer. }
Reckenb. } Ja, ja, ewigen Spott!

Vict. Wohlan, laßt mich einen Augenblick allein, damit ich meine Verfügung treffe.

Ammer. Wenn Dir das gelingt, so beug' ich ehrfurchtsvoll mein Haupt vor Dir, und wir Alle erkennen Dich als unsern Meister. (Ab mit Schwirr und Reckenberg.)

Vict. Ja, ich will! Sie haben's nicht besser um mich verdient. Der Vater, das Mädchen und der Bursche, welchen sie mir vorzog, sollen die Wucht meines Zornes fühlen! Auch die Rache ist ein Genuß. (Er klingelt.)

Vierte Scene.

Victor. Balzer.

Balz. (in einer reich mit Gold gestickten Livrée, einen Hirschfänger am goldenen Bandelier tragend, tritt ein. — Er ist sehr schwermüthig).

Vict. Ah — Du! — Eben recht! (Sieht ihn an.) Aber was machst Du denn für ein griesgrämiges Gesicht?

Balz. Weil ich seit acht Tagen keine Nacht ordentlich schlafen kann. So oft mir die Augen zufallen, werd' ich wieder munter über einen Biß, einen Gewissensbiß nämlich!

Vict. Pah! pah! Sei doch nicht so kindisch!

Balz. Ich bin nicht kindisch, aber mein Gewissen, das ist wie ein kleines Kind. Bis dato war's bei Nacht allerweil ruhig, jetzt aber hat's die ersten Beißzähne gekriegt — jetzt schreit's die ganze Nacht.

Vict. Vertreibe Dir buch solche Gedanken. (Geht an sein Schreibpult und schreibt.)

Balz. Man kann so Manches vertreiben, was einem im Schlafe stört, aber gegen gewisse Reue-Gedanken gibt's kein insectisches Perser-Pulver!

Vict. Mach's wie ich, suche Dich zu zerstreuen — mach' einen lustigen Streich um den andern! Ich habe da eben wieder einen Plan, zu dessen Ausführung ich Dich brauche. (Steht auf.)

Balz. Was? Noch einen? Wieder wie vor acht Tagen? Nein — bin nicht mehr zu haben!

Vict. Aber es ist ja nur so ein Coup —

Balz. Oh, ich kenn' Ihre (Küh) Coups schon!

Vict. Ich will nur die Jägersleute etwas in's Bockshorn jagen. (Nimmt die Schrift vom Tisch.) Nimm diese Schrift und trage sie hinab.

Balz. (nimmt die Schrift). Wenn's weiter nichts ist —

Vict. Warte aber, bis Du siehst, was sie für eine Wirkung hervorbringt. Sie werden jammern, bestürzt sein, sich nicht zu helfen wissen — dann nähere Dich dem Mädchen und flüstere ihr heimlich zu, daß es nur an ihr läge, dem Unglücke abzuhelfen — sie möge sich nur persönlich an mich wenden.

Balz. Persönlich? An Sie? — O weh, o weh! Mein Gewissen kriegt schon wieder einen neuen Stockzahn — ich thu's nicht! (Hält ihm die Schrift hin.)

Vict. Höre! Du hast ein sehr ordinäres Gewissen — mit diesem taugst Du nicht zu einem unternehmenden Herrn, wie ich's bin. Ich werde meiner Mama schreiben, daß sie mir meinen Diener aus der Stadt mitbringt, wenn sie, wie sie mir versprach, mich hier auf dem Gute besucht.

Balz. (wie elektrisirt). Wie? Was? Ihre Mama, Fräulein Emilie —

Vict. Fräulein? Was sprichst Du für Unsinn? Meine Mama ist Witwe.

Balz. Alleseins! (In seliger Rückerinnerung.) Ich hab' sie nur als Fräulein gekannt! — Und sie — sie kommt daher? Wann? Wann?

Vict. Dieser Tage — vielleicht sogar heute noch.

Balz. Heute? O mein Gott, mein Gott! (Mehr für sich, zärtlich schwärmend.) Emilie! (Laut, sich wieder zu Victor wendend.) Und jetzt — jetzt wollen Sie mit mir eine Aenderung treffen!

Vict. Ja, wenn Du gar so gewissenhaft bist —

Balz. Nein, o nein! Ich schicke mein Gewissen auf Urlaub — ich bin der Ihre — thue, was Sie wollen — aber nur behalten Sie mich — nur jetzt stoßen Sie mich nicht aus dem Schloß! (Für sich.) Ich werde wieder unter einem Dache mit ihr wohnen!

Vict. Nun, so vollziehe meinen Auftrag. Ich werde Dir noch eine besondere Anleitung geben, und wenn Alles nach meinem Wunsche ausfällt, werde ich selbst Dich meiner Mama besonders empfehlen.

Balz. (eitel lächelnd). Ich glaube, das wird nicht nothwendig sein. — Aber gehen wir! Ich eile — ich fliege — denn ich muß wieder da sein, wenn sie ankommt! Dann tret' ich zur Equipage, reiche ihr die Hand zum Heraussteigen — und wenn sie dann mitten am Wagenschlag vor Freude der Schlag trifft, dann (für sich) hab' ich den Beweis, daß sie mich einst geliebt! (Ab mit Victor.)

Verwandlung.

(Stube im Jägerhause. — Ein Zimmer mit Mittelthür.)

Fünfte Scene.

Caroline. Max.

Car. (tritt zuerst aus der Seitenthür, geht schweigend zu dem in der Ecke stehenden Spinnrade, trägt dasselbe zu einem Stuhle vor, setzt sich dazu und beginnt zu spinnen).

Max (ist nach ihr eingetreten, betrachtet sie, die Arme kreuzend, mit besorgtem Blicke — nach einer kurzen Pause.) Lini! Noch immer kein freundliches Gesicht? — Ich kenne Dich seit der letzten Zeit nicht mehr — Du bist eine ganz Andere.

Carol. (ohne von ihrer Arbeit aufzublicken). Eine Andere? Ich wüßte nicht, wie das möglich wäre. Du hast's ja nicht gewollt, daß ich jemals etwas Anderes werde, als bisher.

Max. Aha! Der Antrag des Gutsherrn steckt Dir noch immer im Kopf?

Carol. (spinnt fort, ohne eine Antwort zu geben).

Max (tritt zu ihr, sanft). Lini, hast Du mich denn nicht mehr lieb?

Carol. Ich hab' Niemand Andern, den ich lieb haben könnt', als Dich — aber Du —

Max. Ich?

Carol. Du — freilich! Du hast die Tochter — warst früher ihr Vater, als mein Mann — hast mich vielleicht nur ihr zu Lieb' geheiratet —

Max. (ernst). Weiß Gott! Die Red' hab' ich nicht verdient.

Carol. Deinen Freund hast Du auch — was der sagt, das muß geschehen. Eher hat's geheißen, Tinchen soll erst in einem Jahr heiraten — jetzt ist's dem Gevatter eingefallen, daß die Hochzeit schon in drei Wochen sein soll — und richtig ist Alles so eingeleitet!

Max. Weil der Gevatter Recht hat. Ein langer Brautstand taugt nichts — und dann will ich dem vorbeugen, daß der Gutsherr wieder seine Bewerbung erneuert.

Carol. Na, ist ja recht — ich rede nichts mehr d'rein — Du bist der Herr! — Ich — (fast weinend) ich bin ja nur eine Magd, der Du die Ehr' erwiesen hast, sie zu heiraten.

Max (geht unmuthig von ihr weg).

Sechste Scene.

Vorige. Jacob. Tinchen. Berthold.

Tinch. u. Berth. (kommen Arm in Arm).

Jac. (folgt ihnen). Na, da sind wir wieder! Just hat der Pfarrer die Zwei zum ersten Mal von der Kanzel heruntergeworfen — hat sich aber keines weh gethan dabei. Aber — (auf Caroline deutend) was ist's denn? (Leise zu Max.) Noch allweil hartmaulig?

Max (bejaht durch eine bedauernde Geberde).

Jac. (leise). Macht nir! Wir müssen halt eine andere Trense einlegen.

Siebente Scene.

Vorige. Balzer.

Balz. (tritt gravitätisch durch die Mittelthür ein, den Hut auf dem Kopfe behaltend). Servus!

Max. Ah, Balzer, Du bist's?

Balz. (vorwärts kommend). Ich bitte mir einen andern Ton aus! Meine Stellung hat sich geändert — ich bin nur zu lang in eurem Dienst geblieben.

Jac. Natürlich — ein Mann wie Ihr! Ihr wart ein Esel, daß Ihr so lange geblieben seid.

Balz. Jawohl, aber nun hab' ich quittirt.

Jac. Aber mit Beibehaltung des Charakters?

Balz. Ja wohl. Ich bin zwar noch Jäger, aber (auf seine Kleidung weisend) was für Einer!

Max. Nu, und was gibt mir denn die besondere Ehre?

Balz. Am Auftrage des Gutsherrn — (Uebergibt ihm die Schrift.)

Max (die Schrift nehmend). An mich?

Carol. (für sich). Vielleicht macht er ihm doch noch einen Antrag!

Max (liest die Schrift — seine Hände beginnen zu zittern, er läßt die Schrift fallen und hält sich an der Lehne eines Stuhles).

Tinch. (besorgt aufschreiend). Vater!

Carol. (rasch aufspringend und zu Maxen eilend). Um Gottes willen! Du wirst blaß!

Jac. (die Schrift aufhebend). Da muß ich doch sehen — (Wirft einen Blick in dieselbe.) Ha! Das sieht ihm gleich.

Carol. (zu Max). Aber so red' doch, was ist denn geschehen?

Mar. Ich bin — aus meinem Dienste entlassen — abgesetzt! — broblos!
Carol. } (zusammenschreckend). O mein
Tinch. } Gott!
Mar. Eine so ordinäre Rache kann nur ein Elender nehmen! (Faßt heftig Carolinens Hand.) Sag' jetzt sag' — hätt' ich dem meine Tochter geben sollen?
Carol. (senkt beschämt den Kopf).
Mar (ungestüm die Schrift aus Jacobs Hand reißend). Laß sie mich nochmals sehen, mir ist vorhin schwarz vor den Augen geworden. — (Liest.) »Wegen Mangel an Forstkenntniß« (bitter lachend) ha, ha, ha!
Jac. Na, weißt Du, — darin hat er recht.
Mar. Was?
Jac. Er ist Dir schon so nahe gekommen, und Du hast es nicht erkannt, was für ein Gethier er ist! — Das ist halt stark für einen so alten Jäger.
Balz. (beleidigt). Was war das? Herr! Nehmen Sie das »Thier« zurück, oder — (Legt die Hand an den Hirschfänger.)
Jac. (dicht an Balzer tretend). Oder was?
Balz. (sich feige zurückziehend). Oder ich sag's meinem Herrn.
Jac. Thut das, und richtet ihm von mir einen »Schurken« auch noch aus — ich geb' Euch dafür ein Trinkgeld.
Balz. Ein gebildeter Mann hat für so was gar keine Ohren. (Will abgehen; bereits an der Thür, sich besinnend und stehen bleibend, für sich.) Ja so, ich hab' ja noch einen Auftrag. (Bleibt im Hintergrunde stehen und ist bemüht, Tinchens Aufmerksamkeit auf sich zu lenken.)
Tinch. (bemerkt dies erst später, tritt dann zu ihm und bespricht sich mit ihm. Aus ihren Bewegungen ist zu entnehmen, daß sie sich anfangs weigert, nach und nach aber seinen Vorschlag in Erwägung zieht).
Mar (noch lesend). »Binnen acht Tagen das Jägerhaus zu räumen!« Also nicht nur brot=, sondern auch obbachlos! — Meine Ahnung ist eingetroffen: mit dem Menschen zugleich hat das Unglück bei mir angeklopft.

Carol. (liebevoll und reuig). Mar!
Mar. Na, Du darfst Dich nicht sorgen — Du hast ja dem gnädigen Herrn nicht widersprochen — für Dich wirb er schon etwas thun, — wende Dich an seine Güte und (mit fast von Thränen gebrochener Stimme) laß mich allein am Bettelstab fortwandern.
Carol. (an seinem Halse). Mar, Mar! Red' nicht so! Verzeih' mir's, daß ich Dich auch noch hab' kränken können! Ich seh's ja ein, Du hast Recht gehabt.
Mar. Eine Frau, die ihr Unrecht einsieht, da kann man nicht mehr verlangen. — Das ist ohnehin ein seltener Fall!
Carol. Schau, mir war's ja weniger wegen dem Reichthum, sondern weil ich geglaubt, Du hättest mich weniger lieb als deine Tochter. Aber mach' mir nur keine Vorwürfe — ich will ja gern Noth und Elend mit Dir theilen, mit Dir zu Fuß wandern, wohin Du willst. (Fällt ihm an die Brust.)
Jac. Kein Unglück, wo nicht ein Glück dabei wäre! Früher war't Ihr entzweit — jetzt versteht Ihr Euch auf einmal wieder. Es ist g'rad so wie auf der Weide: die Pferde springen oft ein's dahin, ein's dorthin — beißen sich wohl auch gegenseitig — bis sie einen Wolf in der Nähe wittern, — da drängen sie sich dicht aneinander, und wehren den Feind gemeinsam ab. — Also haltet Euch zusammen! Haltet Euch zusammen! Dann ist das Unglück schon um die Hälfte kleiner.
Mar. Aber was anfangen? In acht Tagen schon fort — wo find' ich ein Unterkommen?
Jac. Lächerliche Frage? Wozu wär' ich denn da? Ich werde die Sache gleich rangiren. Bertholb, daher zu mir!
Berth. Was wollt Ihr denn?
'Jac. Du hättest noch drei Wochen Bräutigam sein sollen, ich laß Dir zwei Drittheile von der Strafzeit nach — in acht Tagen mußt Du heiraten — wirst Du es bis dahin zusammenbringen?

Berth. Gott! Heute noch, wenn's möglich wäre.

Jac. Wie's ausgemacht ist, überlaß ich Dir Werkstatt und Haus, aber eine Partie mußt Du derweil noch umsonst aufnehmen. — Da deine Schwiegereltern.

Berth. Mit tausend Freuden!

Mar (zu Jacob). Aber in deinem Hause sind ja nur zwei Stuben. —

Jac. Sind genug. Die 'größere davon nimmst Du und dein Weib — in der kleineren sollen die jungen Eheleute wohnen — im ersten Jahre der Ehe braucht man nicht mehr als ein Zimmer.

Mar. Und wo bleibst Du?

Jac. Ich schlafe mitten unter meinen Medicamenten — auf dem Heuboden.

Mar. Aber —

Jac. Keine Widerrede! Wenn man einem Freund, der in der Noth ist, sein eigen Bett überläßt, schläft man auch auf einem Pflasterstein gut. Also abgemacht! Aber (wendet sich und erblickt Balzer), was steht denn der noch da?

Balz. (leise zu Tinchen). Nichts sagen! (Laut.) Ich habe nur gewartet, ob Sie mir nicht noch eine Post an meinen Herrn aufzugeben haben.

Jac. Habt Ihr an der früheren noch nicht genug? Na, so schaut her! (Auf Mar und Caroline weisend.) Euer Herr hat wohl geglaubt, es wird dahier einen rechten Familienjammer geben? — Gar keine Spur! Eine Entlassung von einem solchen Herrn ist ein Belobungsdecret, und darum lassen wir auch keine Traurigkeit spüren, sagt es eurem Herrn, daß es jetzt erst recht lustig hergehen wird — in acht Tagen haben wir eine Hochzeit!

Balz. Hochzeit?

Jac. Ja, Tinchen heiratet. Wir lassen den gnädigen Herrn einladen — er kann sich dabei das Maul abwischen.

Balz. Fi! Diese Rohheit! — Mein gnädiger Herr hat gar kein Maul — den gnädigen Mund wischt er sich erst ab, wenn er bereits gegessen hat. Ich werd' ihm also (mit einem Seitenblick auf Tinchen) vor der Hand guten Appetit wünschen. (Ab.)

Jac. (zu Mor). Ich glaub' gar, Du läßt noch den Kopf hängen? Ist Dir bang, daß Du nicht bald einen andern, vielleicht einen bessern Dienst kriegst?

Mar. Wenn auch! Bei uns Jägern ist das etwas Eigenes: Wenn Einer über zwanzig Jahr in einem Revier war, so trennt man sich schwer davon. Denk' Dir nur, wie viel von den Bäumen in dem Wald hab' ich gepflanzt, hab' sie so zu sagen großgezogen — sie sind mir fast vorgekommen wie meine Kinder.

Jac. Saubere Kinder! Sind alle rein zum Niederschlagen.

Mar. Jedes Stück Hochwild hat mich gekannt.

Jac. Ah was! Hirschen findest Du überall — es wird Dir also anderwärts nicht an Bekanntschaften fehlen! Und darum lamentir' nicht. [Einen Mann darf ein unverschuldetes Unglück nicht gleich muthlos machen. (Auf Berthold weisend.) Geh' mit dem da, Ihr werdet noch eine Menge zu ordnen haben. — (Schiebt Beide ab.)

Tinch. (zu Carolinen). Komm', Mutter! Ich habe Dir etwas zu sagen — es kann vielleicht noch Alles gut werden. (Beide ab.)

Achte Scene.

Jacob allein.

Es ist von dem Gutsherrn niederträchtig, ja bübisch gehandelt, und er ist doch kein Kind mehr. — Sonderbar! Ein Bub' ist ein Kind, und welcher Unterschied ist zwischen bübisch handeln und kindisch handeln, zwischen einer Büberei und einer Kinderei! Bübisch bleibt immer verdächtig, während man fast ältere Leute, wenn sie nur kindisch handeln, beinahe beneiden möchte, weil einem unwillkürlich das Lied einfällt: »Wie selig — wie selig ein Kind noch zu sein!«

Lied.

1.

Der Natzi hat heut kriegt ein hölzernes
G'wehr;
Es gibt nichts auf der Welt, was ihn freuen
thät mehr.
Er springt auch damit auf der Wiese herum,
Legt an auf die Geißböck und schreit dazu
„Bum!"
Man weiß nicht, was er für Vergnügen
b'ran find't —
Aber laßt ihn nur, mein Gott, dafür
ist's ein Kind.
Ein Herr, der am Rücken sein'n Fünfz'ger
schon tragt,
Darf manchmal am Sonntag auch mit auf
die Jagd.
Es kann kein Vergnügen, kein unschuldi-
ger's geb'n,
Er schießt wohl, doch b'Hasen bleib'n alle
am Leb'n.
Dazu aber muß er 'nen Jägerrock trag'n,
Ganz grau und mit grasgrünen Aufschläg'n
und Krag'n,
Ein Hütchen mit Gemsbart und Hahn-
federn d'rauf,
Und eine Büchse dazu mit gezogenem Lauf.
So kauft er am Wildpretmarkt b'Hasen
sich ein.
O selig, o selig, ein Kind noch zu sein!

2.

„Geh', Hänschen, sag' mir jetzt geschwind
auf 's A. B. C.!"
Das Hänschen mag lang' nicht. „Na geh',
Hänschen, geh'!"
So sagt ihm der Lehrer. „Sag's, dann ist
Dir b'schieb'n
Der Fleißzett'l, da steht gedruckt darauf:
Wohl zufried'n."
Da d'rauf sagt mein Hänschen b'Lection
auf geschwind.
Na lassen wir'n, mein Gott, dafür ist's ein Kind!
Man klopft bei ein'm alten steinreichen Mann
Mit Subscriptionsbög'n für arme Leut' an.
„Ich geb' nichts, 's wird z'viel mir," so
hört man ihn sag'n,
Und will vor der Nase die Thür' Ein'm
zuschlag'n.
Doch sagt man: „'s werden morgen die
Namen von All'n
In die Zeitung gedruckt, die ein Almosen
zahl'n."
Da b'sinnt er sich anders, mit freundlicher
Mien'
Schreibt er auf den Bog'n mit fünf Gulden
sich hin.
In die Zeitung zu kommen, das b'stimmt
ihn allein —
O selig, o selig, ein Kind noch zu sein!

3.

'Nen Knaben hat der Lehrer zum Aufseher
g'macht,
Jetzt gibt er auf die andern Schulkinder
Acht,
Und wie er bei Ein'm nur was Unrechtes
g'spannt,
Da hebt er zur Anzeig' in b'Höh' gleich
die Hand,
Und g'freut sich, wenn b'Straf' dann ein
Anderer find't!
Aber laßt ihn, mein Gott, dafür ist's
ein Kind!
Doch gibt es mitunter auch ältere Leut',
Die das Spioniren allein nur erfreut;
Und wo's im Kaffeehaus, im Wirthshaus
nur sitz'n,
Horchen sie und thun hoch ihre Ohren
gleich spitz'n,
Und wie sie erschnapp'n ein bedenkliches
Wort,
Da rennen sie gleich als Denuncianten
fort.
Die Welt pflegt zwar solche Leut' sehr zu
veracht'n,
Doch muß man's nur vom rechten Stand-
punkt betracht'n:
Er glaubt in der Schul' als Aufseher noch
z'sein,
O selig, o selig, ein Kind noch zu
sein!

4.

Der Adolf war brav und d'rum fragt ihn
 der Vater:
»Was willst zur Belohnung?« — »Papa!
 nur in Prater
Zum Haus, wo die Musik ist, so tschina=
 drabum,
Wo b'hölzernen Pferdchen im Kreis sich
 dreh'n um,
Zum Reiten im Ringelspiel, gehen wir
 nur g'schwind« —
Das ist seine Freud, mein Gott, 'sist
 ein Kind!
Es plagt b'ganze Woche sich ab ein Com=
 mis,
Der Sonntag soll reichlich belohnen die
 Müh';
Da wird von der Reitschul ein Krampen
 (Klepper) ausg'lieh'n,
Dem Alter und Hunger die Füß' schon
 verzieh'n;
Da schwingt er sich auf und möcht' reiten
 davon,
Doch vor der Stallthür' da setzt der Klep=
 per sich schon,
Er geht nur zehn Schritt, kehrt phlegma=
 tisch dann um,
Und dreht trotz aller Spornen im Kreis
 sich herum,
So'ne Steaple-Chase thut'n Sonntagsrei=
 ter erfreu'n —
O selig, o selig, ein Kind noch zu sein!

5.

Es beklagt sich der Hausmeister über ein'n
 Knab'n,
Der, wo er 'nen Bleistift', 'ne Kohle kann
 hab'n,
Gleich kritzelt damit und voll schreibt alle
 Wänd'.
Man sollt' ihm, so meint er, doch klopfen
 auf b'Händ'.
Nein, nein, sagt der Vater, der nichts Un=
 rechtes b'ran find't,
Freund, lassen wir'n, mein Gott, da=
 für ist's ein Kind!
Doch muß man auf Landparthie'n große
 Rent' seh'n,

Wenn sie in ein'm Lustpark sich fröhlich er=
 geh'n.
Wo 'ne Säule, ein Tempel ist mit weißer
 Wand,
Da nehmen's den Bleistift gleich in die
 Hand,
Verliebte gar, wenn die wo sehr glücklich
 war'n,
Schreiben's die Namen hin, auch alte
 Herrn sind oft Narr'n,
Schleudern um mit der Theu'rn, schmach=
 ten in Liebesschmerz;
Zwei Händ' und darüber ein brennendes
 Herz
Schneidet der Graukopf in die Baumrinde
 ein —
O selig, o selig, ein Kind noch zu sein!
 (Geht ab.)

Verwandlung.

(Park beim Schlosse. Auf einer Anhöhe, zu wel=
cher eine Terrasse hinaufführet, die Fronten des
Schlosses, seitwärts eine Mauer, in derselben
eine halb vom Gebüsche bedeckte Gitterthür.
Im Parke sind in den verschiedenen Bosquettes
bereits farbige Lampen, jedoch noch nicht an-
gezündet, angebracht. Es dämmert bereits
und wird nach und nach ganz dunkel.)

Neunte Scene.

Victor, Falter (kommen von verschiedenen
 Seiten).

Falt. (rasch auf Victor zugehend). Ah —
gut, daß ich Sie allein treffe — nur eine
Frage! Ist es wahr, was ich so eben im
Orte erfahre — der Revierjäger ist seiner
Stelle entsetzt?

Vict. (bereits im Ballcostüme). Vor der
Hand — ja!

Falt. Herr, so machen Sie das große
Unrecht gut, das Sie an dem Manne be=
gangen haben?

Vict. Sein Sie ruhig! — es ist nur
auf einen Scherz abgesehen — morgen soll
er seine Stelle wieder haben.

Falt. Nachdem er eine Nacht der bitter=
sten Kränkung, des schwarzen Kummers
verlebt hat! Dieß ist ein elender Scherz!

Vict. Und bleß eine freche Sprache, die Sie sich gegen mich erlauben und die ich mir ein- für allemal verbiete. Gefällt's Ihnen bei mir nicht, so können Sie gehen, und Ihren Gehalt verzehren, wo es Ihnen beliebt.

Falt. (sich mäßigend, doch mit schlecht verhehltem Zorne). Nein, nein, ich bleibe. —

Vict. Nun, so vollziehen Sie, was Ihres Amtes ist.

Falt. Ja, ich werde thun, (betonend) was meines Amtes ist. (Ab.)

Vict. (ihm nachsehend). Altes Murmelthier! Dich will ich noch zähmen, daß Du nach meiner Pfeife tanzen sollst. (Sieht in die Scene.) Aber sieh' — mein Balzer! — und wahrhaftig! er hat, wie ich's ihm angab, auch den Burschen, den Berthold, hieher gelockt! — Doch sie dürfen mich nicht hier treffen. (Zieht sich in's Gebüsch zurück.)

Zehnte Scene.

Balzer, Berthold. Victor (verborgen).

Balz. (tritt zuerst auf).

Berth. (folgt ihm in höchster Aufregung und hält ihn an der Hand fest). Suchen Sie mir nicht auszukommen, Sie werden mir Rede stehen!

Balz. Warum nicht? (Auf die Seitenthür blickend, für sich.) Das ist grad der rechte Platz!

Bert. Als ich eben jetzt mit dem Vetter und Herrn Amtmann aus dem Pfarrhause kam, da sahen Sie mich mit einem gewissen Blicke an, als wenn Sie sagen wollten: „Ich bedaure Dich!"

Balz. Aus den Augen spricht die Seele.

Berth. Dann haben Sie mich gefragt, ob ich mich schon mit Tinchen habe einschreiben lassen. Als ich dieß bejahte, drückten Sie mir die Hand und sagten: Ich gratulire! aber dieß mit einem Tone — mit einem Tone, der sich gar nicht beschreiben läßt.

Balz. Ja, ich habe zu Zeiten curiose Töne!

Berth. Sie sagten dieß so, als ob Sie sagen wollten: „Armer Teufel!" Als ob Sie mich bedauern wollten — und wer einen Bräutigam bedauert, beschimpft die Braut, und wer sich so was erlaubt, dem drück' ich die Seele aus dem Leibe! (Faßt Balzer an der Brust.) Was wissen Sie von Tinchen?

Balz. Laß mir mein Geheimniß! Denk' nur an das Sprichwort: Was man nicht weiß, macht einem nicht heiß.

Berth. Aber mich macht's heiß — so heiß, daß ich das ganze Schloß in Brand stecken könnte.

Balz. Das Schloß? Du wirst doch deine Braut nicht gleich verbrennen wollen!

Berth. Mein Tinchen? Hier? Im Schlosse? Was könnte sie da suchen?

Balz. Es ist vielleicht von Ihrer Seite purer Edelmuth! Lieb hat sie Dich — heirathen will sie Dich — aber Du hast nichts, sie hat nichts — der junge Gutsherr ist reich — sie will vielleicht nur dafür sorgen, daß sie dir doch etwas in's Haus mitbringt.

Berth. Vom Gutsherrn? vom Gutsherrn?

Balz. Wenn Du nicht ruhig bist, so erzähl' ich Dir nichts mehr.

Berth. (sich mühsam bekämpfend). Ja, ich bin ganz gefaßt — Ich hör' Alles an — sprechen Sie nur weiter!

Balz. Bleibt aber unter uns! (Leise flüsternd.) Mein Herr hat Tinchen einladen lassen. —

Berth. Und sie, — sie wollte kommen?

Balz. Warum denn nicht? Sind ja lauter schöne Leute da.

Berth. Sie hat also zugesagt? Das ist nicht möglich!

Balz. Ob's möglich sein wird, hat sie mir selber noch nicht gewiß sagen können.

Berth. Ihnen? Ihnen?

Balz. Na ja — ich habe ja die Einladung zu bestellen gehabt.

Berth. Und was — was hat sie geantwortet?

Balz. Sie hat gesagt, ich soll, wenn's

dunkel wird, auf ihr Fenster schauen — da durch das Gitter — (auf die Thür weisend) sieht man grad hinunter auf's Jägerhaus.

Berth. (hinsehend). Ja, ja, gerade auf ihr Fenster.

Balz. Wenn sie das Licht mitten auf's Fensterbrett stellt —

Berth. Meiner Seel — sie tritt an's Fenster — sie hat das Licht in der Hand — sie — sie stellt es hin — o mein Gott! mein Gott! (Er taumelt fast ohnmächtig zurück, die Hand an die Stirne pressend.)

Balz. (ganz ruhig). Jetzt ist's gewiß — sie kommt. (Nach der entgegengesetzten Seite sehend.) Und dort — (sich erschreckt stellend) kommt auch mein Herr! — Um Gotteswillen! jetzt schau, daß Du weiter kommst! Er darf Dich nicht sehen.

Berth. Nein, er soll mich auch nicht sehen — (mehr für sich) jetzt noch nicht. (Laut.) Aber ich kann ja jetzt nicht fort — vom Hauptthor kommt der Herr (gegen die Seitenthür weisend) von dort sie. (Für sich, vor Wuth kochend.) Wenn ich nur nicht so mit leeren Händen da wäre — wenn ich nur meinen Hammer hätte — oder — (sieht mit stierem Blicke umher — sein Auge fällt auf Balzer's Hirschfänger.) Ha! ha! — (Laut.) Ich muß fort! es ist die höchste Zeit. — Ich danke Ihnen, Herr Balzer! danke Ihnen vom Herzen! (Faßt Balzer's linke Hand mit seiner linken, dreht ihn aber rasch so seitwärts, daß er mit seiner rechten Hand den Hirschfänger aus der Scheide zieht.)

Balz. Aber was thust Du denn?

Berth. (den Hirschfänger hinter den Rücken haltend). Still, der Herr kommt! (Eilt in das Gebüsch.)

Vict. (kommt wieder hervor.)

Balz. (ihm schnell entgegengehend und ihn an die andere Seite der Bühne führend). Alles nach Befehl! Das Täubchen kommt, und der Gimpel sitzt dort im Busch.

Vict. (leise). Daß das Täubchen nicht wieder fortflattere, dafür habe ich gesorgt — daß über den Gimpel das Netz zur rechten Zeit zusammengezogen werde, dafür sorge Du!

Balz. (entfernt sich hinter dem Gebüsche).

Elfte Scene.

Vorige. Caroline, Tinchen, dann Ammer und die übrigen Freunde Victors.

Tinch. (tritt zuerst schüchtern durch die Gitterthür ein). Gott! mir zittern alle Glieder.

Carol. (folgt ihr). Niemand da? Wo ist denn der Balzer?

Vict. (tritt mit Ammer hervor, leise zu diesem). Was seh' ich? Zwei statt Einer?

Carol. Wenn's nur nicht schon so dunkel wäre — (Hält ängstlich Tinchens Arm.) Ist's nicht, als wenn dort Jemand auf uns zukäme?

Vict. (leise zu Ammer). Es ist des Jägers Weibchen. Bei Gott! auch keine üble Prise. Die überlaß' ich Euch.

Schwirr, Redenberg und die übrigen Freunde (kommen nach und nach aus den Bosquetten hervor).

Tinch. Um Gottes willen! Ich sehe eine Menge Leute — laß uns fort — (Will Caroline fortziehen.)

Vict. (tritt rasch hervor). Sie wollen wieder fort? — Hier ist der, den Sie suchen.

Carol. (bebend). Der Gutsherr!

Ammer (dreist zu Caroline hervortretend). Ei, was für liebenswürdige Gäste Freund Victor empfängt! (Will Caroline am Kinn fassen.)

Carol. (zurückweichend). Wir sind keine Gäste, wir sind Unglückliche, die herkommen, um eine Gnade zu bitten.

Vict. (zu Tinchen). Und jede Bitte ist im Voraus gewährt.

Tinch. Wirklich?

Vict. Ich besiegle mein Versprechen mit diesem Kusse — (Will Tinchen umschlingen.)

Berth. (springt, den blanken Hirschfänger in der Hand haltend, hervor). Tinchen!

Tinch. } Berthold!
Carol.

Vict.⎫
Die Uebrigen.⎬ Was ist das?
Berth.⎭ (wüthend zu Victor). Zurück! — oder, so wahr ein Gott im Himmel ist —
Vict. (zurückweichend). Wie? Ein Angriff mit blanker Waffe? — Faßt ihn!
Tinch. Berthold! Um Gottes willen!
Berth. (zu Tinchen). Fort mit mir, oder es geschieht ein Unglück!
Balz. (mit mehreren Dienern hervoreilend). Das werden wir verhüten. Packt ihn!
Die Diener (fassen Berthold von rückwärts und entwinden ihm den Hirschfänger).
Vict. Bringt den Wahnsinnigen fort — auf's Gerichtshaus! Morgen kommt das Werbcommando in das Dorf, ich will ihn zum Recruten anempfehlen.
Berth. (während er von den Dienern abgeführt wird). Tinchen, daran bist Du schuld. (Wird fortgebracht).
Tinch. (stürzt vor Victor auf die Knie). Gnädiger Herr! Barmherzigkeit!
Vict. (sie rasch aufhebend). Sie können mir Befehle dictiren — kommen Sie mit mir!
Carol. (von Ammer und den übrigen Freunden umringt). Fort! Lassen Sie uns fort!
Vict. So schöne Leute entlassen wir nicht so leicht! (Umschlingt sie gewaltsam. — Alle ab.)

Verwandlung.

(Vorsaal im Schlosse.)

Zwölfte Scene.

Balzer, Victor.

Vict. (eilt zuerst herein).
Balz. (folgt ihm). O mein Gott! Ich bitte Sie, was haben Sie denn mit Tinchen angefangen?
Vict. (verdrüßlich). Du hast ja gesehen, wie sie in meinen Armen ohnmächtig wurde — ich habe sie in eine Stube des Erdgeschosses bringen lassen — ihre Stiefmutter ist bei ihr — wenn sie sich erholt hat, sollen sie in's Himmels Namen wieder fort.

Balz. Ist gescheidter auch — es ist ja nichts anzufangen mit den faden Rocken (albernen Geschöpfen).

Dreizehnte Scene.

Vorige. Jean.

Jean (tritt rasch durch die Seitenthür ein).
Vict. (zu Jean). Hast Du Herrn Falter nicht gefunden.
Jean. Nirgends. Aber — (ängstlich) gnädiger Herr! Ich bitte Sie, sehen Sie sich vor!
Vict. (ihn erstaunt ansehend). Was ist Dir denn? Du zitterst ja beinahe —
Jean. Es ist auch darnach! Im Dorfe unten geht's unruhig her.
Vict. Im Dorfe? Was ist die Veranlassung?
Jean. Als vorhin der Schmiedgeselle Berthold auf's Gerichtshaus geführt wurde, rief ein Einigen zu, sie sollen beim Jäger sagen, daß sein Weib und seine Tochter auf dem Schlosse zurückgehalten würden.
Balz. O weh! Jetzt stehen wir frisch!
Vict. (zu Jean). Weiter! weiter!
Jean. Das brachte die Leute auf. Die Männer rotten sich zusammen — ich hörte laute Verwünschungen — fast hätten sie mich mißhandelt, weil ich nur die Livrée trage — und eben jetzt trat auch der Jäger mit seinen Leuten zu Ihnen — ich fürchte, sie werden in das Schloß bringen wollen.
Vict. In mein Schloß? Das möcht' ich doch sehen!
Balz. Mir wird übel.
Vict. Ich fürchte mich nicht.
Balz. Ja, Sie kennen das Volk nicht, aber ich — ich bin schon einmal auf einem Kirchtag geprügelt worden - ich habe (sich den Rücken reibend) Platzkenntniß.
Vict. (zu Jean). Schnell zum Ortsgerichte! Mache die Anzeige! Es ist ein Wacht-Piquet im Orte — es sollen Posten an den Eingang des Parkes gestellt werden — Niemand darf herein, außer Jene, welche

meine Karten vorweisen. Schnell, schnell
fort!
    Jean (ab).
    Balz. Ich schaue auch, daß ich fort-
komme.
    Vict. Du? Warum?
    Balz. Ich glaub' immer, wenn Euer
Gnaden das Gericht zu Hilfe rufen, so sperren sie uns Zwei zuerst ein.

Vierzehnte Scene.
Vorige. Ammer.

    Ammer (kommt durch die Seitenthür).
Victor, Victor!
    Vict. Was gibt's denn wieder?
    Ammer. Soeben fuhr ein Wagen in
den Schloßhof — ich glaubte, es kämen
noch einige der Geladenen, trete näher —
wer ist's?
    Vict. Nun?
    Ammer. Deine Mama!
    Vict. Wie? Meine Mutter?
    Balz. Ihre Mu — Mutter? (Für sich.)
O mein Gott! Einen ordentlichen Stich
hat's mir jetzt gegeben. (Schmachtend.) Die
Emilie!
    Vict. Es wäre mir lieber, wenn Sie
um einen Tag später gekommen wäre; das
heutige Fest ist nicht dazu geeignet, daß
eine Dame wie meine Mama daran theil
nehmen könnte. Ich will hinab, um sie davon abzuhalten. Balzer! Wenn sie herauf
kommt — leuchte Ihr durch jenen Gang
(auf eine Seitenthür weisend) hinüber in die
Gemächer der früheren Gutsbesitzerin —
Du aber (zu Ammer) komm mit mir! (Hängt
sich in Ammer's Arm und geht mit diesem gegen den Hintergrund ab.)
    Balz. Sie — sie ist da! Ich möchte
mein Herz in Draht flechten lassen, damit's
mir nur nicht zerspringt. (Allein, horchend.)
Ha! Ich hör' eine weibliche Stimme – sie
naht! — Ich weiß nicht wie ich ihr entge-
gentreten soll? — Aber nur vor Allem pro-
pre! (Zieht sich den Frack zurecht, richtet sich
das Haar u. s. w. und besieht sich dabei in
einem Handspiegel.)

Fünfzehnte Scene.
Balzer. Emilie von Wallhaus.

    Emilie (eine Frau von fünfzig Jahren,
aber in sehr gewählter Toilette, tritt durch
die Seitenthür ein — noch zurück sprechend).
Marie! Sieh, daß das Gepäck in Sicher-
heit gebracht wird, dann komme auf mein
Zimmer! (Tritt vollends ein.)
    Balz. (hat sich gegen sie gewendet, für sich).
Soll das sie sein? Nicht möglich!
    Emilie. Gehört Er hier zum Schlosse?
    Balz. (sie immer starr ansehend). Ja
wohl.
    Emilie. Wo komm ich hier zu meinen
Zimmern?
    Balz. (für sich). Ihre Zimmer? — Es
ist nicht möglich!
    Emilie. Doch, Er weiß wahrscheinlich
nicht, wer ich bin?
    Balz. Nein — auf Ehre nicht!
    Emilie. Ich bin die Mutter des Guts-
besitzers.
    Balz. (starr). Es ist nicht möglich!
    Emilie. Also leuchte Er voran!
    Balz. Leuchten? (Ganz verwirrt.) Ja,
ja — (Nimmt einen Armleuchter vom Tische,
geht zu Emilien und leuchtet ihr ins Gesicht —
dann für sich.) Es ist nicht möglich!
    Emilie (zurückweichend). Was treibt Er
denn?
    Balz. Entschuldigen — ich wollte mich
nur bei glänzender Beleuchtung des äuße-
ren Schauplatzes überzeugen, ob Sie's denn
wirklich — wirklich sind?
    Emilie (beleidigt). Soll ich Ihm viel-
leicht meinen Paß vorweisen?
    Balz. Nein — ich sehe in Ihrem Ge-
sicht — (für sich) den Laufpaß, den die
Zeit Ihrer Schönheit gegeben hat. (Stellt
den Leuchter wieder auf den Tisch.) Es ist
stark!
    Emilie. Was thut er denn? Er soll
mir voranleuchten.
    Balz. (für sich). Ich weiß auf Ehre nicht,
ob ich mich ihr zu erkennen geben soll? —

Es ist kaum der Mühe werth! — Aber doch! Man sagt ja: Die Erinnerung verjüngt — das kann ihr nicht schaden. (Wendet sich gegen Emilie, zärtlich.) Emilie!
Emilie (sieht ihn stolz an). Welche Frechheit!
Balz. (für sich). Sie kennt mich noch nicht! (Laut.) Malt denn Ihr Gedächtniß nur mit Pastellfarben, daß die Bilder so schnell verschwinden?
Emilie. Sollt' ich Ihn vielleicht schon irgendwo gesehen haben? Hm! — Wäre möglich — wer behält sich alle die Gesichter!
Balz. Freilich — freilich! (Für sich.) Sie hat nicht einmal ihr eigenes Gesicht behalten.
Emilie. So sprech' Er, von woher kennt Er mich?
Balz. Von lange her! Es sind bereits dreißig Jahre —
Emilie. Vor dreißig Jahren war ich beinahe ein Kind.
Balz. Ja, Sie waren ein Kind — ein schönes Kind, Fräulein Emilie waren — beim Onkel Roggenheim.
Emilie. Bei Onkel Roggenheim?
Balz. Erinnern Sie sich nicht eines schmucken Jägerjünglings — (romantisch) grün war sein Kleid — blau war sein Auge — grün und blau ist die Narrenfarbe — darum haben Sie ihn auch zum Narren gemacht.
Emilie (strenge). Schweig Er!
Balz. Was? Ich soll nicht einmal reden dürfen von mir selber?
Emilie (ihn mit stolzem Blicke messend). Und Er wagt es noch einmal vor mir zu erscheinen?
Balz. Ist das unser Wiedersehen? — Emilie!
Emilie (sich stolz aufrichtend und ihn mit strengem Blicke strafend). Ich heiße Frau von Wallhans!
Balz. Leider! Oh! Daß es so kommen mußte!
Emilie. Ich habe Ihn damals freundlicher behandelt, weil Er durch seine Albernheiten mich oft zum Lachen brachte —
Balz. (verletzt). Was? Nur zum Lachen?
Emilie. Aber seine Thorheit verstieg sich so weit, daß Er meine Herablassung für Neigung hielt.
Balz. Ich werd' irr' an mir selber!
Emilie. Ich habe damals bei meinem Onkel selbst auf seine Entfernung gedrungen —
Balz. Was? Also Ihnen — Ihnen verdanke ich eigentlich die Schläge? — Shakespeare sagt: Wer über gewisse Dinge nicht baff wird —
Emilie. Und er konnte sich bis jetzt dem Wahne hingeben, daß Er, Er, auf mein Herz einen Eindruck gemacht habe?! Ich weiß in der That nicht, ob ich Ihm nicht zu viel Ehre erweise, wenn ich mich über diesen Comble von Dummheit nur erzürne. — Aber — Er hat sich doch nicht etwa gegen meinen Sohn in ähnlicher Weise verlauten lassen —
Balz. Nein — die Kinder brauchen nicht Alles zu wissen. — Aber wenn Sie wüßten, was ich Alles für ihn gethan habe, bloß aus Rücksicht dafür, daß Sie — Sie ihn unter Ihrem Herzen getragen haben —
Emilie. Weiß Er denn nicht, daß Victor mein Stiefsohn ist?
Balz. Na — was? Stief — Stief —
Emilie. Er nennt mich nur seine Mutter, weil er erst zwei Jahre alt war, als sein verwitweter Vater sich mit mir vermälte.
Balz. (vernichtet). Also nicht einmal Ihr Sohn! — (Für sich.) Und darum Räuber und Mordbrenner!
Emilie. Doch ich würdige Ihn schon einer zu langen Unterredung. Eines sage ich Ihm noch: Wage Er es nie mehr, mich auf Seine damalige Frechheit zu erinnern, schätze Er sich vielmehr glücklich, wenn ich ihrer nicht mehr gedenken will. — Nun leucht' Er mir auf mein Zimmer!
Balz. (ganz gebrochen, wankt maschinenmäßig zum Tisch, nimmt den Leuchter mit

zitternder Hand und geht zur Seitenthür voran, dieselbe öffnend). Hier, Euer Gnaden!

Emille (durch die Thür sehend). Es ist ohnehin Alles beleuchtet — bleib' Er zurück! Hier nehm' er! (Drückt ihm ein Portebemonnaie in die Hand und geht stolz ab.)

Balz. (allein, besieht das Porte de monnaie). Geld! Sie fertigt mich mit Geld ab? Und ich sollte das von ihr annehmen? O pfui! pfui! (Wirft es weg, besinnt sich aber wieder.) — Aber sehen muß man doch, was darin ist. (Hebt es wieder auf und besieht den Inhalt.) Ein Zweiguldenzettel! Damit will sie mir die Vergangenheit abkaufen? Das soll mein Lohn sein für Alles, was ich für den Victor gethan habe, der nicht einmal ihr Sohn ist? — Fürchterliche Demüthigung! — Vorbei Alles! — Ich weiß jetzt, was es heißt, aus dem siebenten Himmel herunter zu purzeln! (Sinkt in einen Stuhl.)

Sechzehnte Scene.

Balzer. Victor.

Vict. (kommt rasch vom Hintergrunde her). Ah, Du bist hier allein, Balzer? Das ist mir lieb. (Ruft ihm zu:) Balzer! bist Du eingeschlafen?

Balz. Nein — ich bin g'rad wachgerüttelt worden.

Vict. So sei so gefällig aufzustehen, wenn ich da bin!

Balz. Ihr Dasein hat für mich kein Interesse mehr.

Vict. Kerl! Mir scheint, Du bist vom Weine trunken.

Balz. O nein, ich bin eben mit dem kalten Wasser der Enttäuschung begossen worden. (Steht auf und mißt Victor verächtlich vom Kopf bis zu den Füßen.) Ich weiß jetzt, wer Sie sind.

Vict. Nun, doch niemand Anderer als dein Herr und Gebieter?

Balz. Mit dem ist's aus! Einem Stiefsohn diene ich nicht mehr — Sie haben bei mir ausgedient! Ich lege dieses Kleid (auf seine Livrée weisend) ab; es erinnert mich nur an meine Schmach!

Vict. Wenn Du aus meinen Diensten treten willst, ich werde Dich nicht halten.

Balz. Ja, stellen Sie mir ein Zeugniß aus, daß ich Ihnen treu und redlich bei allen Niederträchtigkeiten gedient habe, die Sie mir befohlen haben.

Vict. Du wirst über Alles, was während deiner Dienstzeit geschehen, reinen Mund halten!

Balz. Wie kann man bei so schmutzigen Geschichten reinen Mund halten?

Vict. Du würdest nur Dich selbst verfänglich machen. — Wir waren ohne Zeugen, als ich Dir die Aufträge gab — ich würde Alles in Abrede stellen.

Balz. Was? Euer Gnaden — Sie mauvais sujet!

Vict. Elender! (Mit gedämpfter Stimme.) Wenn ich nicht ein Aufsehen vermeiden wollte, ich ließe Dich mit Hetzpeitschen aus dem Schlosse jagen.

Balz. Sie! Mir trauen Sie jetzt nicht mehr! Ich bin in einer Stimmung, in welcher ich zu Allem fähig bin. — Wenn Sie mich wüthend machen, so — (macht eine Handbewegung.)

Vict. (springt zurück). Balzer! (Für sich.) Der Kerl ist wahrhaftig betrunken — macht am Ende Scandal während des Festes — ich muß ihn begütigen, und dann für heute Nacht entfernen. — (Laut, besänftigend.) Balzer, Du bist in einer unerträglichen Aufregung.

Balz. Möglich! Es gibt Augenblicke, wo auch das sanfte Schaf zur Hyäne werden kann.

Vict. Wenn Du nicht mehr in meinen Diensten bleiben willst, so hat es nicht solcher Auftritte nöthig, wir können in Güte scheiden, ich verkenne den Werth deiner Dienstleistung nicht — hier nimm! (Gibt ihm eine Börse.)

Balz. (die Börse besehend). Banditenlohn!

Vict. Aber Einen Dienst mußt Du mir noch leisten.

Balz. Wieder einen Gaunerstreich?
Vict. Nicht doch. Ein guter Bekannter von mir, der Hauptmann Mohrfeld ist im nächsten Orte einquartirt — ich will ihn zu mir laden — besteige also ein Pferd. —
Balz. Also ist's doch wieder auf einen Aufsitzer abgesehen!
Vict. Reite hinüber und gib ihm diesen Brief. (Gibt ihm einen Brief.) Du kannst dann über Nacht d'rüben bleiben, ich benöthige Dich hier nicht mehr. Willst Du dies thun?
Balz. Meinetwegen. Hier im Schloß ist mir ohnehin die Luft zu drückend.
Vict. (begütigend). Nun so geh', mein Alter! Morgen werden wir uns auf freundliche Weise ausgleichen. Mach' nur jetzt, daß Du fortkommst! (Für sich im Abgehen.) Ich will indeß schon Sorge tragen, daß man ihn, wenn er zurückkommen wollte, nicht wieder hereinläßt. (Ab.)
Balz. (allein). Den Brief soll ich bestellen? — Jetzt, so spät in der Nacht? — Da steckt gewiß wieder eine Schurkerei dahinter. — (Liest die Adresse.) Herrn Hauptmann Mohrfeld — derzeit auf Werbe-Commando. (Von einem Gedanken erfaßt.) Werbung? — Ha! Am Ende ist das ein Urias-Brief, und er will mich zum Militär abstellen lassen! — Wenn sie mich sehen, so lassen sie mich gar nicht mehr aus! — Es wär' entsetzlich! — Und den Brief soll ich abgeben, ohne zu wissen, was darin steht? Das thun wir nicht! Ich habe, seitdem ich in dem Dienst bin, schon so viel Schlechtigkeiten gethan, daß es mir auf ein bischen Briefaufbrechen auch nicht ankommt. (Tritt zum Tische und bemüht sich den Brief sorgfältig zu öffnen.)

Siebzehnte Scene.

Balzer. Falter, Max, Jacob. (Alle drei sind in schwarzen Domino's. Falter hat die Larve vor dem Gesichte, die beiden Anderen halten sie anfangs in der Hand.)

Jac. Herin wären wir!

Max. (zu Falter). Aber jetzt sagen Sie wer Sie sind?
Falt. (ihm die Hand drückend). Einer, der's gut mit Euch meint.
Max. Das haben Sie uns bewiesen, als Sie uns, von den Wachen eben zurückgebrängt, Eintrittskarten heimlich in die Hand drückten.
Jac. Und uns, um uns unkenntlich zu machen, in diese Leichenträger-Mäntel (auf seinen Domino weisend) steckten.
Max. Aber jetzt vor Allem: wo ist mein Weib, — meine Tochter?
Falt. Ich habe Euch bereits gesagt, warum sie auf's Schloß kamen, — sie sind unter meinem Schutze, seid also ruhig über sie.
Max. Das kann ich nicht!
Balz. (welcher die Anwesenden nicht bemerkte, hat indessen den Brief geöffnet, — laut ausrufend). Es ist gelungen!
Max (ihn nun erst erblickend, mit gedämpfter Stimme). Ha — der Balzer! Der muß Aufschluß geben! (Nimmt die Larve vor und tritt leise hinter Balzer.)
Jac. (sich ebenfalls verlarvend, und Falter folgen ihm).
Balz. (hat indeß den Brief geöffnet und liest). „Lieber Freund! Ich höre soeben, daß Du in der Nachbarschaft einquartirt bist. Willst Du diese Nacht auf meinem Schlosse zubringen, so lade ich Dich ein. Es geht recht lustig her." (Sprechend.) O kreuzsübel! (Liest wieder.) „Morgen ist die Werbung ohnehin in unserem Bezirke — ich werde Dir ein Individuum bezeichnen" — (sprechend) es ist richtig so, — ich bin ein Individuum! (liest weiter) „einen störischen Burschen, den curirt nur der Corporalstock!" (Erschrickt, mit weinerlicher Stimme.) Der Corporalstock!
Max (welcher ihm über die Schulter in den Brief gesehen, reißt ihm denselben plötzlich aus der Hand).
Balz. (heftig erschreckt). Um Alles in der Welt! (Retirirt furchtsam.) Drei Vermummte!
Max (welcher indeß den Brief rasch gelesen). Ha! Das ist auf den armen Berthold abgesehen!

Jac. Was? Auf meinen Berthold? — Laß sehen! (Sieht auch in den Brief.)
Balz. Ich höre bekannte Stimmen! Herr Amtmann, sind Sie's oder sind Sie's nicht?
Max (die Larve abnehmend). Ja, ich bin's!
Balz. (auf Jacob deutend). Und der da?
Jac. (In an der Brust fassend). Mich sollst Du erst kennen lernen, wenn Du jetzt nicht auf der Stelle beichtest. —
Balz. Das ist der Viehartzt, dem kann ich mich anvertrauen.
Jac. (Sich ebenfalls demaskirend). Jetzt sag' Alles, was Du weißt, oder — —
Balz. Was ich weiß? Ich weiß nur, daß ich ein schlechter Kerl geworden bin, — ist Ihnen das genug?
Jac. Du bist vielleicht nur ein dummer Kerl. —
Balz. Meinen Sie? Das beruhigt mich unendlich.
Jac. Der sich zu Schlechtigkeiten hat brauchen lassen.
Balz. Sie haben es schon errathen. Aber ich schwör' Ihnen: nur das erhabenste Gefühl der Natur hat mich zu allen Schändlichkeiten gestimmt.
Falt. So sprich! Nur wenn Du ein reumüthiges Bekenntniß von Allem ablegst, kann Dir vielleicht verziehen werden. (Zieht ebenfalls die Larve ab.)
Balz. (entsetzt zurückweichend.) Ha, das Gesicht! Das ist der Mann, an dem ich zuerst als Bube gehandelt hab'.
Falt. An mir?
Balz. Ja, im Schlafzimmer des jungen Herrn — auf seinen Befehl hab' ich, während Sie gemüthlich schnarchten, durch eine verborgene Thür in das Zimmer hinein, und Ihnen eine Schrift aus der Brusttasche ziehen müssen.
Falt. Ha! Du also hast dieß gethan? Aber dieß Bekenntniß sollst Du vor einem Anderen ablegen. Komm' mit mir — (zu Maxen) und Ihr auch — Ihr aber (zu Jacob) geht in das Gerichtshaus, gegen

diesen Schein (übergibt ihm ein Papier) wird man euren Berthold in Freiheit setzen. (Zu Balzer, ihn an der Hand fassend.) Und nun mit mir!
Balz. (resignirt). Nun wohlan! Was muß geschehen! — Fallen seh' ich (mit der Pantomime von Schlägen) Zweig auf Zweig! — wenn's nur nicht mehr als Fünfundzwanzig sind! (Ab mit Falter.)
Max und Jac. (folgen ihnen)

Verwandlung.

(Saal mit dem Bilde des Oheims — aber nun festlich beleuchtet. Rauschende Ballmusik ertönt.)

Achtzehnte Scene.

Victor, Ammer, Schwirr, Reckenberg (sämmtlich in Domino's, treten ein).
Jean (folgt ihnen).

Ammer. Aber sage mir nur, was Dir heute ist?
Vict. Es geht nicht Alles wie ich wollte, ich habe mich beim Arrangement des Festes auf den alten Falter verlassen, und nun ist er verschwunden.
Jean (vortretend). Er gab mir den Auftrag, Alles nach seinem Plane zu ordnen — er versicherte, zur rechten Zeit werde er schon erscheinen.

Neunzehnte Scene.

Vorige. (Ein Zug bunter Masken kommt durch die Mitte herein und bildet Gruppen.)
Dann Laubeck, Gerichtspersonen, Balzer, Wachen.

Vict. (klatscht in die Hände). Laßt auftragen! (Die Gruppe der Masken theilt sich zu beiden Seiten, indem sie sich auflöst, steht man hinter ihnen Balzer, von zwei Wachen umgeben — Laubeck in Amtsuniform, zwei Gerichtspersonen schwarz gekleidet. — Ueberrascht zurücktretend). Was ist das? — Vom Gerichte?
Laubeck (vortretend). Ich wurde dringend hieher beschieden, um ein in diesem

Schlosse begangenes Verbrechen an Ort und Stelle zu untersuchen.

Vict. Ein — Verbrechen!?

Landeck. Ein wichtiges Document wurde hier entwendet — der Thäter (auf Balzer weisend) hat bereits bekannt, doch behauptet er, nur in Ihrem Auftrage gehandelt zu haben.

Balz. Ja, ich bin nur eine verführte Unschuld, — er war mein Herr, — ich sein armer Diener.

Vict. Ja, — allerdings, allerdings — Alles nur in meinem Auftrage geschehen.

Landeck. Wie? Sie stellen es nicht in Abrede?

Vict. Durchaus nicht, — doch entscheiden Sie, ob ich anders handeln konnte. Ein gewisser Falter kam mit einem angeblich nachträglichen Testamente meines Oheims zu mir, welches er aber nie aus den Händen ließ. Ehe ich weiter auf seine Vorschläge einging, wollte ich mich von der Echtheit überzeugen, ich ließ die Urkunde daher, während er schlief, durch meinen Diener aus seinem Zimmer holen. Ich erkannte die Fälschung, und daß es auf einen Betrug abgesehen war. Ich stellte jenen Herrn Falter selbst zur Rede — er selbst bekannte — und aus Mitleid mit ihm vernichtete ich das Papier, den Zeugen seines Vergehens.

Landeck. Können Sie diese Aussagen beweisen?

Vict. Der beste Beweis liegt wohl darin, daß jener Betrüger sich nicht mehr hier blicken läßt.

Zwanzigste Scene.

Vorige. Falter. Max.

Falt. (tritt mit Max durch die Seitenthür. Er ist ganz in den Domino gehüllt, hat die Larve vor dem Gesichte und die Kapuze über den Kopf gezogen). Ei, wer sagt denn dieß! Hier, — hier bin ich ja!

Vict. Sie wagen es noch? — Nur denn, so beweisen Sie, daß das Document ein echtes war.

Falt. Mir mangeln freilich die weiteren Beweise — ich will mich auch jedem Ausspruche fügen, wenn Herr von Wallhaus im Stande ist, mir fest in's Gesicht sehend, seine Aussage zu wiederholen.

Vict. Sonst nichts? (Zu Landeck.) Nun denn, Sie haben seine Bedingung gehört — also herab mit der Larve, Aug' im Auge will ich wiederholen —

Falt. Versuchen Sie's! (Wirft Domino und Larve ab und steht nun vollkommen dem Bilde ähnlich vor Victor.)

Vict. (zurücktaumelnd). Herr im Himmel! Sie — Sie, mein Oheim, Sie leben!

Falt. Ja, mit lebendigen Augen wollte ich mich überzeugen, welcher von meinen Verwandten würdig sei, mich zu beerben.

Vict. Sie nicht todt und — warum dann das Testament —

Falt. Ich wollte, obgleich Dir mit Recht zürnend, Dich nicht ganz elend machen. Meine Absicht war, Dich durch jenes zweite Testament zu bestimmen, die Tochter jener wackern Leute zu heirathen, damit Du als ihr Gatte, als Schwiegersohn eines Biedermannes, am Genusse des Vermögens, welches ich ihnen abtreten will, Theil nehmest, ohne doch frei darüber verfügen zu können.

Vict. Doch, sie war ja bereits Braut, ihr Gemal konnte ich nicht werden — und die Verzweiflung trieb mich, das Testament zu vernichten.

Falt. Ich hätte auch diese That minder strenge geahndet, wenn nicht dein ferneres Gebahren meine Ansicht bestätigt hätte, daß derjenige, den Armuth zu einer schlechten That verleiten kann, auch im Besitze aller Schätze ein schlechter Mensch bleibt. Darum fort aus meinen Augen, wie Du aus meinem Herzen verbannt bist.

Vict. (macht noch eine flehende Geberde).

Falt. (winkt ihm strenge, sich zu entfernen).

Vict. (geht verzweifelnd ab).

Landeck } (folgen ihm).
Gerichtspers. }

Falt. (zu Max). Ihr aber, wackerer

Mann, der in der bitteren Schule der Armuth die Ehrenhaftigkeit bewahrte, Ihr, der der verwaisten Tochter meiner unglücklichen Schwester ein treuer Gatte und Beschützer wurdet —

Max. Was? Ich — meine Frau —
Falt. Herbei! Herbei!

Einundzwanzigste Scene.

Vorige. Caroline. Tinchen. Jacob.

Carol.
Tinch. } (eilen in Festkleidern herbei).

Falt. An mein Herz, meine Nichte! — Und Ihr (zu Maxen) auch!
Max. Gott! Wie wird mir denn? Wie erklär' ich mir denn Alles?
Falt. Dieß Gut habe ich für Euch gekauft.
Max.   } Mein Gott! Das Gut —
Carol.   } unser!

Falt. Ihr gönnt mir wohl ein Plätzchen in eurer Mitte, damit ich mich eurer Liebe, eures Glückes freuen kann.
Max. Aber — Herr! Wenn wir hier beisammen bleiben, darf Einer nicht ausgeschlossen werden — (auf Jacob quellend) der da! Der hat vielleicht ein eben so großes Verdienst, als ich.
Jac. (bescheiden). Ah — ich bitte —
Falt. Ja, ja, Ihr bleibt bei uns. Damit aber der Kreis der Familie sich noch vergrößere — (zu Berthold und Tinchen) so schließt Ihr rasch den Bund! — Dieß Fest, bestimmt zu wilder Lust, verwandle sich in ein Fest der reinen Liebe! — Bittet die Eltern um ihren Segen — heute noch soll eure Hochzeit sein!

Tinch. } Heut' — heut' noch! Vater!
Berth. } Mutter! (Knieen vor ihnen nieder.)

(Von allen Seiten eilen festlich geschmückte Paare heraus und bilden eine Gruppe um die Liebenden. — Allgemeiner Jubelruf.)

(Der Vorhang fällt.)

E n d e.

Von **Friedrich Kaiser** erscheint demnächst in unserem Verlage:

Unrecht Gut.

Characterbild mit Gesang in 3 Acten und 1 Vorspiele.

Preis: 12 Sgr. oder 60 kr.

Im Verlage der
Wallishausser'schen Buchhandlung (Josef Klemm)
sind folgende Theater von
Friedrich Kaiser
erschienen:

Männerschönheit. Original-Characterbild mit Gesang in 3 Acten. Mit Titelkupfer. 8. geh. 15 Sgr. oder 75 Nkr.

Schneider als Naturdichter, oder: Der Herr Vetter aus Steiermark. Posse mit Gesang in 2 Acten. Mit 1 Bild. 8. geh. 14 Sgr. oder 75 Nkr.

Eine Posse als Medicin. Originalposse mit Gesang in 3 Acten. Mit allegorischem Bilde. 8. geh. 15 Sgr. oder 75 Nkr.

Ein Fürst. Characterbild mit Gesang in 3 Acten. Mit 1 allegorischen Bilde. 8. geh. 15 Sgr. oder 75 Nkr.

Mönch und Soldat. Characterbild mit Gesang in 3 Acten. Mit 1 Titelbilde. 8. geh. 15 Sgr. oder 75 Nkr.

Schule der Armen, oder: Zwei Millionen. Original-Characterbild mit Gesang in 4 Acten. Mit 1 Titelbilde. 8. geh. 15 Sgr. oder 75 Nkr.

Der Rastelbinder, oder: 10,000 Gulden. Posse mit Gesang in 3 Acten. Mit 1 Titelbilde. 8. geh. 15 Sgr. oder 75 Nkr.

Junker und Knecht. Characterbild mit Gesang in 3 Acten. Mit 1 Titelbilde. 8. geh. 15 Sgr. oder 75 Nkr.

Ein Traum — kein Traum, oder: Der Schauspielerin letzte Rolle. Posse mit Gesang in 2 Acten. 8. geh. 15 Sgr. oder 75 Nkr.

Des Schauspielers letzte Rolle. Posse mit Gesang in 3 Acten. Mit 1 Titelbilde. 8. geh. 15 Sgr. oder 75 Nkr.

Dienstbotenwirthschaft, oder: Chatoulle und Uhr. Characterbild mit Gesang in 2 Acten. Mit 1 Titelbilde. 8. geh. 12 Sgr. oder 60 Nkr.

Doctor und Friseur, oder: die Sucht nach Abenteuern. Posse mit Gesang in 2 Acten. 7½ Sgr. oder 35 Nkr.

Zum ersten Male im Theater. Posse in 1 Acte. 7½ Sgr. oder 35 Nkr.

Müller und Schiffmeister. Posse mit Gesang in 2 Acten. 10 Sgr. oder 50 Nkr.

Zwei Pistolen, oder: Erschossen oder lebendig. Posse mit Gesang in 2 Acten. 10 Sgr. oder 50 Nkr.

Ein neuer Monte-Christo. Original-Characterbild in 3 Acten. 12 Sgr. oder 60 Nkr.

Die Frau Wirthin. Characterbild mit Gesang in 3 Acten. 12 Sgr. oder 60 Nkr.

Etwas Kleines. Characterbild mit Gesang in 3 Acten. 12 Sgr. oder 60 Nkr.

Von **Friedrich Kaiser** erscheinen demnächst:

Unrecht Gut. — Des Krämers Töchterlein. — Eine Feindin und ein Freund. — Ein Lump. — Verrechnet. — Ein Jagd-Abenteuer. — Palais und Irrenhaus.

Im Verlage der

Wallishausser'schen Buchhandlung (Josef Klemm)

in Wien, am hohen Markt Nr. 541,

sind folgende Theater von

Johann Nestroy

erschienen:

Glück, Mißbrauch und Rückkehr, oder: Das Geheimniß des grauen Hauses. Posse in 5 Aufzügen, 12. geh. 15 Sgr. oder 75 Nkr.

Einen Jux will er sich machen. Posse mit Gesang in 4 Aufzügen. geh. 15 Sgr. oder 75 Nkr.

Der Zerrissene. Posse mit Gesang in 3 Acten. 12. geh. 15 Sgr. oder 75 Nkr.

Der Talisman. Posse mit Gesang in 3 Acten. 12. geh. 15 Sgr. oder 75 Nkr.

Unverhofft. Posse mit Gesang in 3 Acten. Mit 1 alleg. Bild. 12. geh. 15 Sgr. oder 75 Nkr.

Der Unbedeutende. Posse in 3 Acten. Mit 1 illum. Bild. 12. geh. 20 Sgr. oder 1 fl.

Der böse Geist Lumpacivagabundus, oder: Das liederliche Kleeblatt. Zauberposse mit Gesang in 3 Aufzügen. 12 Sgr. oder 60 Nkr.

Das Mädl aus der Vorstadt, oder: Ehrlich währt am längsten. Posse in 3 Acten. 12. 15 Sgr. oder 75 Nkr.

Die verhängnißvolle Faschingsnacht. Posse mit Gesang in 3 Aufzügen. 12. geh. 15 Sgr. oder 75 Nkr.

Eulenspiegel, oder Schabernack über Schabernack. Posse mit Gesang in 4 Aufzügen. Zweite Auflage. 10 Sgr. oder 50 Nkr.

Freiheit in Krähwinkel. Posse mit Gesang in 3 Acten. Mit 1 illum. alleg. Bild. 12. geh. 24 Sgr. oder 1 fl. 20 Nkr.

Zu ebener Erde und erster Stock, oder: Die Launen des Glückes. Posse mit Gesang in 3 Acten. Mit illum. Bilde. gr. 8. geh. 20 Sgr. oder 1 fl.

Druck und Papier von Leopold Sommer in Wien

17 Lief. Olga. Lustspiel in 1 Akt, frei nach dem Französischen von L. Julius.
7½ Sgr. oder 35 Nkr.

18. Zwei Pistolen, oder: Erschossen und lebendig. Posse mit Gesang in 2 Akten, von Friedr. Kaiser. 10 Sgr. oder 50 Nkr.

19. — Der Bräutigam ohne Braut. Lustspiel in 1 Akt, v. Herzenskron. Zweite Auflage.
7½ Sgr. od. 35 Nkr.

20. Ein Mädchen ist's und nicht ein Knabe. Lustspiel in 1 Akt nach dem Französischen, von Herzenskron. Zweite Auflage.
7½ Sgr. oder 35 Nkr.

21. Elias Regenwurm, oder: Die Verlobung auf der Parforcejagd. Posse mit Gesang in 2 Akten, v. Friedr. Hopp. 12 Sgr. od. 60 Nkr.

22. Hoang-Puff. Posse in 1 Akt, nach dem Französischen der Herren Caignez u. Louis, frei bearbeitet von Herzenskron. Zweite Auflage. 7½ Sgr. oder 35 Nkr.

23. Der Kuß an den Ueberbringer. Lustspiel in 1 Akt nach dem Französischen des Scribe von Herzenskron. Zweite Auflage.
7½ Sgr. oder 35 Nkr.

24. — Das Häuschen in der Aue. Lustspiel in 1 Akt, nach dem Französischen, La maison de bois, von Caignez, frei bearbeitet von Herzenskron. Zweite Auflage.
7½ Sgr. oder 35 Nkr.

25. — Die Nebenbuhler. Lustspiel in 5 Akten, nach Sheridan's „Rivals" aus dem Englischen übersetzt und zur Aufführung eingerichtet von F. G. Hauker. 10 Sgr. oder 50 Nkr.

26. Onkel Tom. Amerikanisches Zeitgemälde mit Gesang und Tanz in drei Abtheilungen nebst einem Vorspiele, nach Stowe's Roman: „Onkel Toms Hütte," von Th. v. Megerle.
10 Sgr. oder 50 Nkr.

27. Ein alter Corporal. Charakter-Gemälde in 3 Akten, von Carl Juin und P. J. Reinhard. Theilweise nach Dumanoir.
10 Sgr. oder 50 Nkr.

28. — Servus, Herr Stutzer! Posse in 1 Akt, von Carl Juin und Louis Flerz. Neue Auflage. 7½ Sgr. oder 35 Nkr.

29. Die Ehre des Hauses. Drama in 5 Akten, von Carl Juin und P. J. Reinhard. Nach Léon Battu und Maurice Desoigues.
10 Sgr. oder 50 Nkr.

30. Die Obsthändlerin des Königs. Drama in 3 Akten und einem Vorspiele, unter dem Titel: Der Wasserträger von Paris. Nach dem Franz. frei bearbeitet von Ther. v. Megerle. 8 Sgr. oder 40 Nkr.

31. Gervinus, der Narr vom Untersberg. Posse mit Gesang in 3 Akten von A. Berla.
8 Sgr. oder 40 Nkr.

32. Eulenspiegel, oder Schabernack über Schabernack. Posse mit Gesang in 4 Akten, von J. Nestroy. Zweite Auflage.
10 Sgr. oder 50 Nkr.

33. Lief. Hempel, Krempel und Stempel. Posse in 1 Akt. Frei nach Morton's: „Grimshaw, Bagshaw and Bradshaw," v. K. Graeser.
7½ Sgr. oder 35 Nkr.

34. — Wahn und Wahnsinn. Schauspiel in 2 Akten, nach Melesville's: Elle est folle bearbeitet von Lembert. Zweite Auflage.
8 Sgr. oder 40 Nkr.

35. — Ein Florentiner-Strohhut, oder: Fatalitäten an dem Verlobungstage. Posse mit Gesang in 3 Akten, von Carl Juin und L. Flerz. 8 Sgr. 40 Nkr.

36. — Ein neuer Monte-Christo. Original-Charakterbild in 3 Akten von Friedr. Kaiser.
12 Sgr. oder 60 Nkr.

37. Die schöne Finkerin. Lokaler Schwank mit Gesang und Tanz in 3 Akten. Nach einer älteren Kringsteiner'schen Posse, frei bearbeitet von A. E. Naske. 8 Sgr. oder 40 Nkr.

38. — Eine reife Melone. Schwank in 1 Akt nach Boyle Bernard's Platonic attachements, v. K. Graeser. 7½ Sgr. oder 35 Nkr.

39. — Der Arzt wider Willen. Schwank in 2 Akten, frei nach Molière, von K. Graeser.
7½ Sgr. oder 35 Nkr.

40. - Am Clavier. Lustspiel in 1 Akt von Th. Barrière und Jules Lorin. Nach dem Französischen frei bearbeitet von M. A. Grandjean. 7½ Sgr. oder 35 Nkr.

41. — All zu toll. Fastnachtsposse in 1 Akt. frei bearbeitet nach Selby's „My friend in the straps" von K. Graeser. 7½ Sgr. od. 35 Nkr.

42. Die Geldfrage. Lustspiel in 5 Aufzügen, von Alexander Dumas Sohn, deutsch von P. J. Reinhard. 12 Sgr. oder 60 Nkr.

43. — Diana de Lys. Schauspiel in 5 Aufzügen von Alexander Dumas Sohn, deutsch von P. J. Reinhard. 12 Sgr. oder 60 Nkr.

44. — Der natürliche Sohn. Schauspiel in 4 Aufzügen und einem Vorspiel in 1 Aufzuge, von Alexander Dumas Sohn, deutsch von P. J. Reinhard. 12 Sgr. oder 60 Nkr.

45. — Die Dame mit den Camelien. Schauspiel in 5 Aufzügen von Alexander Dumas Sohn, deutsch von P. J. Reinhard.
12 Sgr. oder 60 Nkr.

46. — Ein Hut. Lustspiel in 1 Akt. Frei nach Mad. Emile de Girardin, von M. A. Grandjean. 7½ Sgr. oder 35 Nkr.

47. — Das hohe C. Lustspiel in 1 Akt von M. A. Grandjean. 7½ Sgr. oder 35 Nkr.

48. Das Concert. Lustspiel in 1 Akt. von P. M. Taghofer. 8 Sgr. oder 40 Nkr.

49. Ein weiblicher Monte-Christo. Charakterbild aus dem Pariser Leben, in 4 Abtheilungen und 5 Akten mit Musik und Tanz von Th. Megerle. 12 Sgr. oder 60 Nkr.

50. Ein Mann ohne Herz. Genrebild in 5 Akten von Al Kr Pann 8 Sgr. oder 40 Nkr

51. Lief. Der Roman eines armen jungen Mannes. Schauspiel in 5 Aufzügen und 4 Tableaux von Octave Feuillet, bearbeitet für die deutsche Bühne von C. Juin und P. J. Reinhard. 12 Sgr. oder 60 Nkr.
52. Im Dorf. Ländliches Charaktergemälde mit Gesang und Tanz in 3 Abtheilungen von Th. Megerle. 8 Sgr. oder 40 Nkr.
53. — Ueberall Diebe. Original-Schwank in 1 Akt von C. F. Stix 7½ Sgr. oder 35 Nkr.
54. Ein Rekrut von 1859. Volksstück mit Gesang in 3 Abtheilungen von O. F. Berg. 12 Sgr. oder 60 Nkr.
55. - Der böse Geist Lumpacivagabundus, oder: Das liederliche Kleeblatt. Zauberposse mit Gesang in 3 Aufzügen von Joh. Nestroy. Dritte Auflage. 12 Sgr. oder 60 Nkr.
56. — Frink und Compagnie. Charakterbild mit Gesang in 3 Akten von A. Barry. 12 Sgr. oder 60 Nkr.
57. — Der Wunderdoktor. Original-Lebensbild mit Gesang in 2 Akten von Karl Gründorf. 12 Sgr. oder 60 Nkr.
58. Der Mord in der Kohlmessergasse. Posse in 1 Akt nach dem Französischen von A. Bergen. 7½ Sgr. oder 35 Nkr.
59. Möbel-Fatalitäten. Schwank in 1 Akt, von Anton Bittner. 6 Sgr. oder 30 Nkr.
60. Eine Vorlesung bei der Hausmeisterin. Posse in 1 Akt von Alexander Bergen. 6 Sgr. oder 30 Nkr.
61. Eulenspiegel als Schnipfer. Posse in 1 Akt von A. Bittner. 6 Sgr. oder 30 Nkr.
62. Kling! Kling! Posse in 1 Akt von Morländer. 6 Sgr. oder 30 Nkr.
63. Ein weiblicher Diplomat, oder: Was ein Mädchen aus Büchern lernt. Original-Lustspiel in 4 Akten von Charlotte Baronin v. Graven. 10 Sgr. oder 50 Nkr.
64. Lief. Nur solid! oder: Carnevalsabenteuer im Schlossergasse. Faschingsposse mit Gesang und Tanz in 1 Akt von L. Gottleben. 7½ Sgr. oder 35 Nkr.
65. Am Allerseelentag, oder: Das Gebet auf dem Friedhofe Original-Volks-Schauspiel in 4 Abtheilungen nebst einem Vorspiele: Ein gegebenes Wort, von Heinrich Hausmann. 12 Sgr. oder 60 Nkr.
66. Ein junger Gelehrter. Lustspiel in 1 Akt. Nach dem Englischen von Alexander Bergen. 6 Sgr. oder 30 Nkr.
67. — Die Frau Wirthin. Charakterb. m.Gesang in 3 Akten v. Friedr. Kaiser. 12Sgr od. 60Nkr.
68. — Die Milch der Eselin. Posse mit Gesang in 1 Akt. Nach dem Französischen von Anton Bittner. 6 Sgr. oder 30 Nkr.
69. - Etwas Kleines. Charakterbild mit Gesang in 3 Akten, von F. Kaiser. 12Sgr. oder 60 Nkr.
70. - Ein Guldenzettel. Original-Schwank in 1 Akt v. Carl Gründorf. 7½ Sgr. ob. 35 Nkr.
71. - Die Studenten von Rummelstadt. Genrebild mit Gesang und Tanz in 3 Akten, von Carl Haffner. 12 Sgr. oder 60 Nkr.
72. — Der neue Don Quichotte. Lustspiel in 1 Akt, nach dem Französischen von Alexander Bergen. 6 Sgr. oder 30 Nkr.
73. — Ein Fuchs. Posse mit Gesang in 3 Aufzügen, von Carl Juin. 12 Sgr. oder 60 Nkr.
74. — Er compromittirt seine Frau. Lustspiel in 1 Acte. Nach dem Französischen von Moreno. 7½ Sgr. oder 35 Nkr.
75. Therese Krones. Genrebild mit Gesang und Tanz in drei Acten, von Carl Haffner. 12 Sgr. oder 60 Nkr.
76. Eine Ausnahme von der Regel. Lustspiel in einem Aufzuge, von Alois Berla. 6 Sgr. oder 30 Nkr.
77. Zwei Testamente. Charakterbild mit Gesang in drei Aufzügen, von Friedrich Kaiser. 12 Sgr. oder 60 Nkr.